El corral redondo: Primeros pasos para adiestrar al caballo

Adiestramiento en el corral redondo y trabajo básico en tierra

El corral redondo: Primeros pasos para adiestrar al caballo
Por Keith Hosman

Copyright(C) 2012-2015 por Keith Hosman

A Hooter Press Publication

Keith Hosman
Horsemanship 101.com
PO Box 31
Utopia, Texas 78884 USA

El corral redondo: Primeros pasos para adiestrar al caballo

Adiestramiento en el corral redondo y trabajo básico en tierra

Keith Hosman

Traductora: Denise Cikota
Editora técnica: Viviana Scirgalea

Hooter Press

Índice

Prólogo

Si estás comenzando a adiestrar a un caballo o si necesitas corregir a un caballo adulto que se está convirtiendo en un problema, el entrenamiento en el corral redondo es el primer paso que debes dar.

Los cambios que puedes lograr allí son realmente asombrosos. Pero para lograr estos avances, debes saber que existe un sistema probado, que funciona. Es más que simplemente hacer correr al caballo en círculos; hay pasos objetivos y progresivos. Es fácil, pero no puedes abordarlo sin un plan.

La Sección I de este libro, "El corral redondo: Primeros pasos para adiestrar al caballo", te brinda un conjunto de instrucciones paso a paso, para aplicar durante cinco días de trabajo en el corral redondo.

Luego sigue la Sección II, que te ofrece once lecciones adicionales que querrás enseñarle a tu caballo en este momento de su vida.

Esta guía –de la serie "Cómo adiestrar al caballo"– es lo que necesitas para que tu caballo se inicie con "el pie derecho". ¡El tiempo invertido hoy te dará grandes dividendos mañana!

¡Buena suerte en tu adiestramiento!

Keith Hosman
Utopia, TX, Estados Unidos

Sección I:
Trabajar en el corral redondo

Este es tu plan, paso a paso.

Introducción

Cualquiera sea la edad o la historia de tu caballo, si tu objetivo es obtener un animal bien entrenado, tu labor comienza en el corral redondo porque es allí donde estableces el control. Es donde inicias al caballo joven, inexperto; es donde "reinicias" al caballo mayor, problemático. Considera a Helen Keller. Sorda, muda y ciega de nacimiento, había exasperado a todo aquel que quisiera trabajar con ella. Era completamente salvaje, con caprichos y rabietas, absolutamente imposible de tratar hasta que encontraron una pequeña y sencilla manera de comenzar a comunicarse con ella. Hicieron correr agua sobre la palma de su mano mientras deletreaban con los dedos la palabra "agua" —o al menos así cuenta la historia—. El corral redondo nos ofrece el mismo punto de apoyo. Comenzamos simplemente logrando que el caballo se mueva. Luego conseguimos que las patas se muevan de manera constante. Luego hacemos que las patas se muevan de manera constante en la dirección que queremos. Paso a paso, vamos tomando ventaja y sembrando las semillas que finalmente se convierten en respeto, comprensión y colaboración.

Si tu potrillo es un encanto absoluto, si tiene un carácter tranquilo y es sencillamente un gusto estar con él, el adiestramiento en el corral redondo es donde empiezas a lograr que pase de ser "un adorno en el paisaje" a convertirse en un caballo que se puede montar.

Si tienes un caballo de más edad con una buena dosis de temperamento, entonces el corral redondo es a donde acudes para "arreglarle la cabeza".

Si tu voz interior te está advirtiendo de que cada día tu caballo se va descontrolando un 1 % más y que a este paso en unos tres meses va a ser completamente imposible de manejar, entonces mañana en el corral redondo le dirás "desde hoy en adelante, las cosas van a ser diferentes".

No importa qué caballo tengas, es en el corral redondo donde comienzas a construir los fundamentos de un caballo de montar de calidad. Esto se logra aprovechando la naturaleza misma del caballo: la naturaleza le enseña al caballo que "tiene que haber un jefe" y que en toda manada, grande o pequeña, un animal lleva la delantera y los demás lo siguen. ¿Sabes cómo comprueban quién está al mando? "Si puedo hacer que te muevas, soy el jefe".

Piénsalo: si tu caballo tiene poco adiestramiento o ninguno, entonces hoy probablemente te vea como el chico o la chica que trae la comida y nada más. Todos los días vienes con el balde de alimento. Tu caballo te sigue. Vuelcas el alimento, acaricias al caballo, te das media vuelta y te vas. Piensas "Me encanta como mi caballo me sigue a todas partes; es tan lindo". Tu caballo piensa "Lo perseguí hasta que dejó el alimento y se fue. Si mañana anda perdiendo el tiempo otra vez, lo empujaré con mi cabeza".

John Lyons, célebre entrenador, afirma que "montas al caballo que conduces a pie" y es la pura verdad. El caballo que tironea en la cuerda tirará de las riendas. El que te pasa por encima cuando se abalanza sobre su alimento, fácilmente perderá el foco en su jinete. El caballo que se aleja cuando te le acercas en el campo seguramente te ignorará más tarde cuando se asuste por algo. Recuerda lo siguiente a medida que avances en este adiestramiento: el caballo que ves al final de esa cuerda es el mismo que verás al final de las riendas.

Pasar una semana, o incluso un solo día, en un corral redondo impulsará tu entrenamiento —tanto, que si no tienes uno yo diría que vale la pena encontrar alguno en la zona y llevar al caballo hasta allí—. Con el corral redondo los cambios que lograrás en la mentalidad de tu caballo son tan profundos y tan rápidos que, al comenzar a hacer allí lo necesario, te encontrarás (luego) mucho más adelantado. Lo puedes pasar por alto, seguro. Se ha obviado innumerables veces. Dedicándole suficientes horas obtendrás un caballo entrenado, sea que comiences allí o no. Pero un poco de trabajo adicional ahora, hará que tengas un caballo preparado de manera mucho más rápida y fácil.

Si no tienes acceso a un corral redondo, recuerda que la mayoría (si no todos) de los ejercicios abordados aquí se pueden realizar con el caballo amarrado a una cuerda de trabajo —simplemente es mucho más sencillo usar un corral—.

Antes de comenzar este trabajo, tú y yo debemos estipular que tú (y tu veterinario) han decidido que tu caballo está sano y es capaz de ejercitarse de manera saludable. Está de más decir que un caballo con "problemas en las patas" no es candidato para el corral redondo. Aquellos de ustedes con caballos más jóvenes (caballos de un año o menos —en vez de potrillos o potrancas de dos o tres años—) presten atención a esto: si bien los caballos más jóvenes se pueden trabajar usando mucho de este material, debes usar el sentido común y suavizar lo que lees aquí, tomar más descansos, tener más paciencia y NUNCA pedirle al pequeño un aire más rápido que el paso. Si comienza a trotar o dar pasos largos, disminuye la presión. Nunca le exijas al caballo joven de la misma manera que lo harías con un caballo mayor, más maduro: si ves que el pequeño suda, estás exigiéndole demasiado. Si tienes cualquier duda, lee el libro y luego conversa con tu veterinario sobre el adiestramiento.

Aun cuando se trate de un caballo mayor, trabajarlo en el corral redondo no significa hacerlo correr hasta el agotamiento tratando de demostrarle quién manda. Utiliza el sentido común y siempre sé más bien cauteloso. Debes darle muchos descansos, para "tomar aire", tomar agua y para estar a la sombra. Y nunca, nunca, debes permitir que otro entrenador siga trabajando con el caballo en forma continua mientras te tomas un descanso. Si tú descansas, el caballo descansa. Punto y aparte. Fin de la historia.

Ahora, quiero que leas dos veces lo que sigue, porque todos cometemos este error en algún momento y hasta cierto punto: la única manera de "meter la pata" en el corral redondo es ponerse vago. Si el lunes no estás absolutamente decidido a esforzarte al máximo, entonces no trabajes hasta el martes. El trabajo en el corral redondo es, sencillamente, trabajo intensivo tanto para ti como para tu caballo. Tu caballo se sentirá exigido por los ejercicios, por cierto, pero tú también lo estarás. El cambio se logra en el corral redondo únicamente si las correcciones se efectúan de inmediato. Si tu caballo decide unilateralmente girar a la izquierda y tú dejas que se quede con esa "idea" al permitirle dar doce pasos más antes de aplicar esa corrección para que regrese, entonces te encontrarás trabajando allí durante mucho, mucho tiempo. En cada momento compartido con tu caballo, él está aprendiendo de ti, para bien o para mal. Permitirle que actúe como un holgazán durante sus lecciones será más dañino que beneficioso. Acabarás esforzándote el doble para terminar con una babosa gigante que responde con desgano a tus indicaciones y que piensa que "a lo mejor no lo dices en serio". Por el contrario, las correcciones inmediatas aceleran y solidifican tu adiestramiento. Debes ser proactivo y rápido como un relámpago y lograrás buenos resultados.

Recordar esto debería ayudarte: si te tomas cuatro segundos antes de hacer una corrección son cuatro segundos llenos de cosas que el caballo puede interpretar como "es eso lo que está buscando lograr". Mientras tú estás pensando que le estás permitiendo al caballo detenerse y descansar porque hace tres segundos giró correctamente, tu caballo podría estar pensando que pudo detenerse porque hace dos segundos ladró el perro o porque aceleró el paso. Entonces durante la siguiente media hora tú piensas "está yendo demasiado rápido, pero giró bien esa vez; está aprendiendo" —mientras que en realidad el caballo está corriendo más y más rápido con la esperanza de que vuelva a ladrar el perro—. Si hubieras aflojado la presión en el primer segundo, él habría tenido una mejor oportunidad de entender que el premio fue el resultado del giro exacto que acababa de hacer. Siempre, siempre, siempre, afloja la presión apenas puedas hacerlo.

Desafíate. Fíjate si no puedes aflojar la presión cuando ves que el caballo está "pensando en hacer lo correcto". Busca las señales delatadoras, como por ejemplo: "siempre pone el peso sobre la pata izquierda antes de ir hacia la derecha". En ese caso, aflojar la presión cuando ves que el peso comienza a desplazarse le enseñará mucho más rápido que si esperas a que complete el movimiento (o sea, que se "mueva hacia la derecha").

Tu tarea —siempre— es ayudar al caballo a encontrar lo antes posible la respuesta correcta (y entonces recibir un descanso). El caballo promedio no tendrá ningún interés especial en quemar más calorías de las necesarias así que se cansará rápido y comenzará a buscar activamente la respuesta correcta. Siendo así, pedirle al caballo que dé un par de vueltas a un paso más ligero muchas veces puede motivarlo a buscar más a fondo y encontrar la respuesta correcta. Sin embargo, no comiences a ver el "ejercicio de castigo" como el método predeterminado para lograr tu meta. Algunos caballos, como los padrillos o los árabes, pueden durar más que tú. No les molesta tanto estar corriendo todo el día y muy pronto se darán cuenta de cuánto tiempo te lleva alcanzarlos con ese látigo. Y, entretanto, perderás por completo todo el respeto que puedas haber logrado.

En vez de tratar de durar más que tu caballo, intenta ser más listo. Si ves que tu adiestramiento no va a ningún lado, simplifica tus pedidos. Intenta aflojar la presión cuando te parece que el caballo está a punto de hacer algo, en vez de después de que lo hace. Encuentra maneras de dividir cada concepto en componentes menores. Que sea fácil para el caballo hacer lo que le pides y difícil hacer lo que no quieres que haga. Un ejemplo sencillo: quiero que el caballo se quede parado, quieto. Puede quedarse parado y relajarse o puede elegir moverse. Pero si quiere moverse, yo le pido que dé cien giros hacia afuera. En muy poco tiempo, quedarse quieto es en lo único que piensa.

Así como es importante aflojar siempre la presión lo antes posible, es igualmente importante que comiences cada pedido con una secuencia establecida: primero ofreces una pre-señal, luego una señal y finalmente (únicamente si es necesario) una motivación. Las pre-señales le permiten al caballo saber que viene algo que requiere acción de su parte. Le estás diciendo "voy a pedirte algo". A continuación viene la "señal" que es el pedido en sí, una indicación de qué es, específicamente, lo que te gustaría que suceda. La "motivación" respalda tus pedidos (tus señales), por si el caballo no percibe la señal (por ejemplo, motivas al caballo aplicando presión sobre la cuerda, chasqueando el látigo, o presionando sus laterales, por ejemplo). Debes ser constante y practicar lo suficiente, y tu caballo comenzará a interpretar tus pequeñas muestras inconscientes y comenzará a reaccionar ante tu pre-señal en vez de esperar a tu señal (y mucho menos a tu motivación). En el corral redondo, la posición de tu cuerpo actúa como pre-señal (recoger tu látigo o levantar tu brazo), hacer ruido de beso con tu boca y cambiar la postura serán una señal ("gira hacia mí", por ejemplo) y usar el látigo ofrecerá la motivación cuando sea necesaria. Si estás montando y quieres que el caballo trote, podrías levantar las riendas (una pre-señal: "viene un pedido"), hacer ruido de beso y dejar caer las piernas contra el caballo (señal de moverse), mover las piernas hacia afuera como para talonear (una señal secundaria: "oye, te perdiste esa señal de que te muevas"), y luego finalmente lo talonearías si no acelera (la motivación: "te pateo si no te mueves cuando te lo pido").

Es imprescindible que no abuses –que no sobreutilices– tus señales y motivadores, sea que estés montado o trabajando en tierra. Si usas el látigo una vez y él no se mueve, al instante sáltale encime y haz que se mueva. No permitas que ignore tu primer pedido. Si por ejemplo usas el látigo repetidamente y él no hace nada, pronto aprenderá que puede soportarlo (o que no duele tanto como había pensado al principio) y lograrás el efecto indeseado de que tu caballo se vuelva insensible a tus pedidos. Y, una vez más, es fundamental que siempre sigas la secuencia correcta establecida: pre-señal, señal, motivación. Si comienzas con la motivación en vez de una amable señal como pedido (por ejemplo, constantemente lanzando tu lazo hacia el caballo en el corral redondo para que se mueva más rápido, en vez de primero hacer ruido de beso), pronto tu caballo decidirá: "este tipo tira el lazo si me paro aquí, tira el lazo si corro, da lo mismo así que me quedo aquí".

El Día Uno comenzaremos poniéndote al mando, logrando que el caballo esté en constante movimiento, y luego agregaremos gradualmente cambios de dirección en ciertos lugares o de ciertas maneras. Este trabajo nos llevará naturalmente a enseñarle a nuestro caballo a que venga hacia nosotros, lo que veremos el Día Dos. El Día Tres utilizaremos el corral redondo para enseñarle a nuestro caballo lo que debe hacer cuando algo le asusta, mediante un ejercicio llamado "Spook in Place". El Día Cuatro desarrollaremos el proceso de desensibilización, para que el caballo se acostumbre a nuestro tacto y al contacto con objetos comunes. Terminaremos el Día Cinco enseñándole a nuestro caballo a levantar las patas con el solo hecho de señalar con el dedo. Recuerda que si bien los llamo "Días", cada uno de los cinco segmentos pueden (y deben) realizarse a un ritmo que funcione para ti y para tu caballo. Si te frustras o te cansas y abandonas, tu caballo no se pasará la noche diciéndoles a sus amigotes en el establo "gané yo". No lo tomará de manera personal y tú tampoco debes hacerlo. Si eres constante y te concentras por completo cada vez que trabajas con tu caballo, tendrás éxito.

Algunos comentarios finales antes de comenzar nuestro trabajo: recuerda buscar oportunidades para tomar "minidescansos" regulares (haz una pausa lo suficientemente larga como para oír a los pájaros cantar o al viento soplar) y acariciar a tu caballo con frecuencia. Pequeños gestos como estos producen enormes beneficios. También, si tienes un caballo joven y no puedes acercarte a él, entonces una meta subyacente debería ser lograr acariciar al caballo apenas creas que es seguro para ambos. Es muy fácil dejarnos llevar por el trabajo, pidiéndole al caballo que pase al siguiente ejercicio inmediatamente después de completar el anterior; pero lo que sucede muchas veces es que el caballo se torna más temeroso del maniático que está al mando, en vez de menos temeroso. Si nuestra meta es conseguir un caballo más tranquilo, uno que confía en nosotros, entonces encuentra excusas para poder acariciarlo y hacerle saber que no solo va por buen camino sino que puede confiar en ti. La vida es estupenda cuando el caballo te acompaña.

Día Uno: "¿Cómo empiezo?"

Al igual que todas las hazañas de la vida, el trabajo en el corral redondo se logra mucho más rápido cuanta más experiencia tengas. No es difícil; no hay magia, solo hace falta la práctica para poder comenzar a leer las pequeñas señales. La manera en que posicionas tus caderas, la forma y la dirección en la que te acercas o te alejas, cuándo presionar o aflojar, por ejemplo, pueden hacer que parezca fácil para un profesional y que sea un desafío para el novato. Pero recuerda, tú puedes lograr las mismas metas si sigues exigiendo mejoras y tus correcciones son rápidas, como hemos visto antes. Rápidamente ganarás experiencia y, en verdad, en cuanto lo hayas hecho algunas veces tú también estarás trabajando como un profesional.

Equipa a tu caballo con protectores e inclusive ponle campanas. Los movimientos que tendrá que hacer en el corral redondo harán que pise de un manera que no está acostumbrado y sin duda necesitará protección al realizar todas las paradas y los giros. También necesitarás un lazo o un látigo largo. En realidad no importa cuál elijas, pero el lazo −si no lo has utilizado antes en una situación similar− requiere un poco más de tiempo para acostumbrarse. Indudablemente te tropezarás con el lazo al principio, pero pronto se convertirá en algo natural. Lo malo es tener que lanzarlo y volver a recogerlo una y otra vez. Lo bueno es que puedes usar ese tiempo de "recolección" para recuperar el aliento.

Lleva a tu caballo al corral redondo y párate en el centro. Míralo y date cuenta de que este es un punto de comienzo. Sea que estés corrigiendo a un caballo maleducado o comenzando a adiestrar a uno joven, ese animal al que estás mirando está absolutamente convencido de que "tú no eres el jefe". En cualquier caso, él ni siquiera sabe que existes. Comenzamos a resquebrajar esa fachada haciendo que el caballo se mueva (¿recuerdas a Helen Keller?). A medida que el caballo (quizás esté ahora corriendo enloquecido por el corral, quizás esté mirando hacia otro lado, relinchándoles acaloradamente a sus amigotes) vaya entendiendo que somos nosotros los que controlamos su velocidad y su dirección, comenzará a prestarnos la debida atención. Funciona de esta manera: el caballo te entregará su atención a medida que vaya mejorando su desempeño. Una vez que consigues que el caballo gire en un punto específico, que se detenga precisamente aquí o allá, o que se mantenga en constante movimiento a una velocidad determinada... encontrarás, maravillosamente, que ha comenzado a darse cuenta de que eres importante, que tú eres el que lleva la batuta.

Si sueltas a tu caballo y se queda parado ahí, a unos centímetros de tu codo, y no se aleja, entonces tu primera tarea es hacer lo que sea necesario para llevarlo contra el cerco del corral. No debe pararse a tu lado a menos que lo hayas invitado. Muchas veces la gente no se anima a echar a sus caballos, pensando que les van a generar miedo o que romperán algún tipo de conexión. Al contrario, si cumples con lo que aquí señalo verás que la relación con tu caballo crecerá. Debes entender —y esto es especialmente cierto para los dueños de caballos "buenitos" que se "quedan ahí parados"— que lograr un cambio en tu caballo requerirá trabajo duro. No es algo que "simplemente sucede". Existen metas específicas que hay que lograr, y un primer paso fundamental es enseñarle a tu caballo a moverse cuando tú se lo pides. Para lograr estos cambios el "dulce caballo al que le encanta pasar el rato contigo" necesita trabajar con la misma intensidad –o quizás aún más fuerte si ha comenzado a no valorarte–. Es una trampa común sentirse culpable por exigirle en pos de lograr los cambios que queremos ver, ya que el caballo aprende bastante rápido a manipularte. Cualquiera sea el carácter de tu caballo, debes cumplir con todos los ejercicios de manera objetiva, tachándolos de la lista a medida que vas avanzando, siendo honesto respecto a si se logró o no.

Haz que el caballo trote alrededor de la pista, no importa en cuál dirección, en sentido horario o contrario a las agujas del reloj, siempre que tú elijas una dirección y la mantengas (por ahora). Ejerce la menor presión posible para lograr que el caballo se ponga en movimiento, luego relájate y párate en el centro, con el caballo circulando por el perímetro. Si tu caballo quiere girar hacia donde estás o pararse cerca de ti, haz lo que sea necesario para que se mueva hacia el perímetro del corral. Si en ese momento permites que el caballo gire hacia ti y pase el rato contigo, le estás enseñando que él es el jefe. No permitas que eso suceda. Míralo como lo que es –y no es obediencia–. Si tu caballo aumenta mucho la velocidad, está bien. Le has pedido que trote, pero por ahora está bien si va más rápido. Tarde o temprano todo caballo aminora el paso porque el corral redondo es simplemente eso, un circuito cerrado infinito. Solo mira al horizonte y escucha las batidas del caballo.

Quédate allí en el centro, mirando hacia el frente. No gires el cuerpo para seguir al caballo. Es un animal de presa. Es excelente interpretando el lenguaje de tu cuerpo y asimilando los mensajes que envías. Recuerda que está programado para creer que el jefe es "el que hace que el otro mueva los pies". Recuérdalo y quédate tan quieto como te sea práctico. Escucha el golpe de sus cascos cuando está detrás de ti. Estás esperando que cambie el aire. Si está yendo más rápido de lo que le pediste inicialmente (por ejemplo, está galopando pero le habías pedido que trote), y baja la velocidad, no hagas nada. Si disminuye el paso hasta caminar o detenerse, eso es lo que has estado esperando que suceda. Está "mal", pero considéralo algo bueno porque es una oportunidad para corregir al caballo y así demostrarle una vez más "esto es lo que quiero". Lo que quieres lograr es que el caballo siga andando en el aire que has elegido (el trote) —y en la misma dirección— hasta que le digas que se detenga. Entonces, si se detiene o cambia el aire, acéléralo de inmediato. (Por ahora, no te preocupes si se mueve más lento en el trote; mantén las cosas claras y fáciles pidiéndole solamente el aire específico).

El caballo probablemente intentará cambiar de dirección. Si lo hace, corrígelo en seguida y nuevamente reconoce la oportunidad de decirle qué es lo que esperas. Los caballos que simplemente "dan" con la respuesta correcta no la habrán aprendido tan bien como el que primero ha cometido cien errores. Ese caballo ha aprendido 99 cosas que no funcionan y a la larga va a estar mejor entrenado.

Nota: si, a pesar de tu mejor esfuerzo, tu caballo se rehúsa a trotar alrededor de la pista, si simplemente no se mueve, trae otro caballo, uno con el que se lleve bien, y concéntrate en hacer que el segundo caballo se mueva. El segundo caballo le dará al primero la idea correcta: muévete. En poco tiempo podrás quitar al otro caballo.

Mantén a tu caballo en movimiento constante en la misma dirección, en el mismo aire. Cada vez que gire por su cuenta, haz que gire nuevamente en la dirección que tú habías elegido (hablaré más sobre cómo hacerlo en un rato); cada vez que cambie el aire que le has pedido, acéléralo hasta que retome el trote. Siempre regresa lo más rápido posible a tu posición "neutral" (en el centro, mirando hacia el frente, aparentemente ignorando al caballo).

En este momento nuestra meta es sencillamente esta: el caballo debe aprender que esperamos que trote (o que se mueva en cualquier aire que hayamos elegido) alrededor del corral redondo, sin que tengamos que estar continuamente recordándoselo. Cuando montamos, no le pedimos al caballo "terminado" que trote y luego le seguimos pidiendo que trote, ¿verdad? No, no lo hacemos. Lo que esperamos es que comience a trotar y que trote hasta que le pidamos que cambie de aire. Aquí es lo mismo. Estamos construyendo un caballo para montar, así que enseñarle esto ahora, tendrá su aplicación más adelante. Cuando tu caballo dé algunas vueltas alrededor de ti de manera constante (digamos tres vueltas completas) sin cambiar el aire, puedes pasar a otro ejercicio.

Una vez que logras que tu caballo se mueva de manera constante en una dirección, inviértela. Cuando el caballo se mueva de manera constante al trote en ambas direcciones, estás listo para pasar a lo siguiente.

Continúa con estos dos pasos: giros hacia adentro y giros hacia afuera, en diferente orden, dependiendo de tu caballo. Casi todos comienzan con giros hacia adentro (el caballo gira hacia ti) y luego practican el giro hacia afuera (el caballo gira hacia el cerco). ¿Por qué? Porque la mayoría de los caballos están más que encantados de alejarse de ti (un giro hacia afuera). Si comienzas con el giro hacia afuera encontrarás que es más difícil luego enseñarle el giro hacia adentro. Sin embargo, si tienes un caballo que parece agresivo, te conviene invertir el orden, comenzando con los giros hacia afuera antes de perfeccionar los giros hacia adentro. No querrás enseñarle a un caballo excitado y agresivo que "corra hacia ti". Mejor, primero logra un poco de control enseñándole los giros hacia afuera. Ese enfoque cumple con una de nuestras reglas esenciales: nunca hagas ningún tipo de entrenamiento si el sentido común te dice que existe la más mínima posibilidad de que tú o tu caballo resulten lastimados.

(Aquí te doy otra regla general que es especialmente apropiada para el corral redondo: el caballo debe estar más tranquilo al final de la sesión de lo que estaba al principio. Si ves que tu caballo se agita cada vez más, entonces quizás esté trabajando mecánicamente –pero está frustrado o temeroso y no está aprendiendo–. En tal caso, detente y simplifica tu enfoque. Como recompensa tendrás un compañero que aprende más rápido).

Comienza esta siguiente etapa con una imagen mental: imagina que arrojas una soga sobre la cruz de tu caballo. La soga corre perpendicular al largo del cuerpo de tu caballo, formando una "T". Si tu caballo está circulando a la izquierda (en sentido contrario a las agujas del reloj) y caminas hacia tu caballo por detrás de la soga (a la derecha de la soga), estarás ejerciendo presión sobre sus caderas, empujándolas/lo hacia adelante o alejándolas/lo (dependiendo del ángulo en el que te acerques). Si te acercas al caballo enfrentando su cruz (a la izquierda de nuestra soga imaginaria), tu lenguaje corporal estará empujando la mitad delantera de tu caballo o disminuyendo su velocidad de avance (otra vez, dependiendo del ángulo en el que te acerques). De la misma forma, si te alejas del hombro de manera similar ayudarás a "atraer" el hombro hacia ti. Siempre querrás estar conscientemente de un lado o del otro de esa línea –de cuál lado simplemente depende de la tarea que tienes entre manos–.

Para pedir un giro hacia adentro, haz que el caballo dé vueltas alrededor del perímetro del corral (digamos que hacia la izquierda, o sea en sentido contrario a las agujas del reloj). A medida que el caballo se acerca, muévete lateralmente hacia tu izquierda intentando "cortarle el paso" antes de que pueda continuar girando (si estuvieras caminando sobre un gran reloj y el caballo estuviera pasando las tres, te moverías lateralmente hacia las nueve, tratando de llegar allí antes que el caballo). Extiende tu brazo izquierdo hacia el cerco como tratando de desviar al caballo mientras se acerca. Para poder llegar hasta el cerco antes que el caballo, quizás necesites moverte un poco hacia atrás y al costado; quizás debas comenzar a moverte antes o después. Lo que hallarás, mediante la prueba y el error, es que si puedes dar pasos laterales hacia el cerco antes de que el caballo llegue a ese punto, tendrás una muy buena posibilidad de que gire hacia el centro del corral. Sin embargo, si caminas "hacia" el caballo (recuerda la soga imaginaria), es más probable que lo tome como indicación de alejarse o girar "hacia afuera" (que no es lo que estamos buscando en este momento). Ajusta tu sincronización y posiciónate de tal manera de hacer que el caballo "venga a tu encuentro" en vez de que seas tú el que va hacia él. Hay una gran diferencia.

Si tu caballo gira hacia el cerco (un "giro hacia afuera", que es lo que no queremos en este momento) entonces muévete rápidamente a tu derecha, y pídele al caballo que vuelva a la dirección correcta. Deja que el caballo haga media vuelta alrededor del corral antes de volver a pedírselo. Esto te dará un momento para componer tus ideas y, lo que quizás sea más importante, para evitar andar corriendo por todos lados como el proverbial pollo sin cabeza. Te mantendrá proactivo en vez de reactivo.

Si el caballo simplemente se atasca (aminora la marcha, quizás se detiene del todo), entonces muévete hacia tu derecha, concéntrate en las caderas, impulsándolas hacia adelante (a tu izquierda). Pídele al caballo que comience a andar, déjalo completar media vuelta alrededor del corral, y luego pídele una vez más el giro hacia adentro.

Muchas veces, lograr el giro hacia adentro puede ser tedioso al principio. Si realmente te está dando dificultad, entonces existe una buena probabilidad de que simplemente cambiar la manera en que posicionas tus caderas te pueda ayudar. Tu postura podría inconscientemente estar indicándole al caballo que se aleje. Gira entonces conscientemente tus caderas para llevarlas más o menos paralelas al caballo mientras te mueves lateralmente hacia el perímetro del corral, hacia el punto en el que te "encontrarías" con el caballo si él continuara en su dirección actual. Esta no es la manera en que te moverías naturalmente, así que presta atención. Tu primer instinto será caminar naturalmente hacia adelante para encontrarte con el caballo junto al cerco –pero, como he dicho, eso hará que se aleje–. Cuanto más rápido seas con tus correcciones, más se acelerará el aprendizaje del caballo. Si el caballo gira hacia afuera (cuando tú estás pensando "hacia adentro") salta como si te hubieran electrificado para hacer que vuelva hacia la dirección correcta. Finalmente, presta atención a la rapidez con la que te "haces a un lado" cuando tu caballo hace algo bien. Cada vez que complete correctamente el giro hacia adentro, por ejemplo, ayudará mucho que aflojes inmediatamente la presión y te alejes (ve al centro; ese es tu punto neutro).

Cuando de manera constante tu caballo logre girar hacia adentro al circular en sentido contrario a las agujas del reloj, invierte las cosas. Enséñale los giros hacia adentro mientras el caballo se mueve en sentido horario.

Lo próximo que harás (o lo primero, si tienes ese caballo agresivo que mencioné antes) es enseñarle a girar hacia afuera. Cuando empezaste, hubiera sido fácil enseñarle a girar hacia afuera. Tu caballo seguramente se moría por alejarse (léase: "escaparse"). Pero, le acabamos de enseñar a girar hacia adentro y eso es lo que espera que le pidas durante los próximos minutos. Los que comenzaron con giros hacia adentro deben esperar este comportamiento cuando hacen la transición a los giros hacia afuera y viceversa.

Lo que harás para lograr los giros hacia afuera es simplemente cambiar la manera en que posicionas tus caderas: ahora estarás caminando junto a la cabeza del caballo cuando viene dando la vuelta, concentrándote en dirigirlo con tu lenguaje corporal hacia el cerco o la pared del corral. Ten en cuenta que si tu caballo está dando vueltas en círculo a 140 millones de kilómetros por hora, pedirle que haga un giro hacia afuera (cuando es algo nuevo para él) es simplemente buscar problemas. Hazte a un lado y deja que aminore un poco la velocidad, luego camina hacia el anterior del caballo, empujándolo hacia el cerco/la pared. Quizás tengas que empezar a ejercer esta "presión" medio corral antes si el caballo está andando a un buen paso; dale tiempo para saber que vienes, no lo sorprendas. A veces ayuda levantar la mano y moverla hacia la cabeza del caballo, como "señalando" hacia el cerco. Con el giro hacia adentro estabas, de hecho, retrocediendo, invitando a la cabeza y cuello del caballo con tu cuerpo. Con el giro hacia afuera estás caminando hacia el anterior del caballo. Probablemente solo tengas que hacer unos diez giros hacia afuera en ambas direcciones hasta que tu caballo lo haya aprendido a la perfección.

Pon tu caballo a prueba, pidiéndole giros tanto hacia adentro como hacia afuera. Observa qué tanto interpreta tu lenguaje corporal. Si puedes hacer un movimiento algo sutil y el caballo cumple tu pedido correctamente, sabrás que lo ha logrado.

El paso final es simplemente este (y es fundamental): cuando logres que tu caballo gire hacia adentro y hacia fuera con facilidad, comienza a seleccionar al azar puntos (bien específicos) del cerco y pídele que gire exactamente en ese punto. Si quieres que gire en la unión del cuarto y el quinto panel del cerco –pero él gira dos paneles más adelante– sabrás que necesitas pedírselo "dos paneles antes". Los dos deben practicar como equipo hasta ser ejemplo de precisión. Trabajen constantemente para lograr que tus pedidos sean más y más sutiles y, en poco tiempo, tu caballo estará girando al instante con el más mínimo gesto.

Haz doscientos giros hacia adentro (en ambas direcciones) antes de continuar con el Día Dos. Sí, doscientos. Son así de importantes: ¿quieres enseñarle a tu caballo a quedarse quieto e incluso a girar hacia ti cuando te acercas en el campo? ¿O a ser conducido correctamente a pie? Tendrás que solidificar tus giros hacia adentro. Avanzarás más rápido de lo que te imaginas –y me lo agradecerás–. Tómalo en rachas, unas diez o veinte por vez antes de descansar (asegúrate de tomar esos descansos, permitiéndole al caballo recobrar el aliento y quizás beber agua o salir del sol). Para incrementar la cifra, no le permitas al caballo avanzar más que unos pasos antes de girar nuevamente, a menos que uno de los dos necesite un descanso. Lo que verás a medida que te acerques a tu meta de 200 giros es que el caballo comienza a observarte. Él aprende por experiencia que en cualquier momento le pedirás que vuelva a girar –así que aprende a mantener su foco en ti, esperando tu próximo pedido–. Observa cómo se afloja y se relaja el músculo de su cuello. Lograr que el caballo se mueva de esta manera –curvo y "sintonizado contigo"– nos prepara perfectamente para la lección de mañana.

Unas palabras de precaución cuando estás haciendo los giros hacia adentro tan rápidamente, uno tras otro en corta sucesión: debes estar atento para ver si el caballo arrastra sus hombros durante sus giros (si está andando hacia la izquierda, "doblará" hacia su izquierda; pero cuando gira, entrando hacia el centro, podrás notar que se demora y perezosamente arrastra todo su anterior). Cuando sucede esto, espera a que vuelva a arrastrar el hombro en otro giro y salta directamente hacia ese hombro perezoso, alejándolo de un empujón. Repítelo una vez más –o hasta que tu caballo vuelve a moverse con una postura erguida y con precisión–. Haz que tu caballo comprenda que cada uno de los giros debe hacerse de forma precisa, correctamente. Recuerda, estamos en el corral redondo para cambiar algo en su cerebro. Permitirle que diga "sí, sí, sí, ya voy, ya voy" no es hacer un cambio. Es fundamental que tu caballo mantenga una actitud honesta durante los ejercicios.

Si tu caballo comienza a salir de sus giros a una velocidad notoriamente más lenta que cuando los comienza, acéléralo a lo largos de dos paneles del cerco del corral antes de iniciar el siguiente cambio de dirección. Acéléralo, logra que complete el giro, e INMEDIATAMENTE aléjate, relajado. Probablemente seguirá disminuyendo la velocidad luego del giro pero, aún así, ahora saldrá del giro a mayor velocidad, tal como querías. Si, por el contrario, intentas acelerarlo cuando ya ha terminado su giro, encontrarás que estás actuando de manera reactiva. Cuando reaccionas frente a algo que hace tu caballo –en vez de que él reaccione frente a ti– él lo nota e instintivamente se ve a sí mismo como el que lleva la batuta y, por lo tanto, "el que manda". Necesitarás tenerlo en cuenta especialmente al trabajar con cualquier caballo que tiende a hacer "lo mínimo indispensable". Los padrillos son especialmente buenos para leer la situación y reducir su esfuerzo. Tienen actitud y resistencia de sobra, así que comenzarán a aflojar y a actuar como diciendo "¿tú qué harás al respecto?". Los padrillos resistirán físicamente más que tú con facilidad –y una vez que comienzas a cansarte, una vez que estás en apuros, él lo notará– y le estarás enseñando que no eres digno de respeto, justo lo opuesto de lo que estás tratando de lograr aquí. En cualquier situación los caballos llevan las de ganar, así que las claves son ser inteligente y permanecer proactivo.

Fin del Día Uno.

Día Dos: "Ven a mí"

Una vez que tu caballo ya está haciendo giros hacia adentro y hacia afuera con regularidad y sin problemas, encontrarás que también ha desarrollado el hábito molesto de alejarse cuando te acercas. Por supuesto, esto es natural –hemos estado impulsando al caballo a girar y a hacerlo enseguida–. Pero queremos que el caballo mejore aún más su lectura de nuestro lenguaje corporal, y a veces queremos simplemente decir "Oye, detente de una vez". Con un poco de adiestramiento adicional, algunos caballos estarán felices de quedarse parados, mientras que los dueños de caballos jóvenes, temerosos e inexpertos, encontrarán que es más fácil decirlo que hacerlo. No importa en qué lugar de este espectro estén tú y tu caballo, remediaremos la situación con el segmento de hoy.

El primer paso de hoy es lograr que el caballo se detenga con la cabeza apuntando hacia el cerco y su posterior apuntando al centro: pídele al caballo que trote a la izquierda y luego pídele un giro hacia afuera. En el momento exacto que crees que el caballo está decidido a girar, debes saltar a tu derecha (con un movimiento hacia el costado y ligeramente hacia adelante), interrumpiendo su movimiento, llevando su cabeza nuevamente hacia el cerco. Si intenta girar hacia adentro (intentará de todo), sencillamente hazlo girar nuevamente hacia afuera, diciendo "te pedí un giro hacia afuera". Haz lo que sea necesario para lograr que se detenga con la cabeza apuntando al cerco, su posterior hacia ti (ten mucho cuidado de mantenerte alejado de esas patas traseras, al menos a una distancia igual a un largo de su cuerpo). Lo más probable es que pruebe eludirlo de varias maneras, ya sea intentando completar su giro o hasta yendo en la dirección opuesta. Para acelerar el proceso, debes ser extra rápido en alejarte hacia atrás (hablo de un cuarto de segundo) en el momento preciso en que decide girar y luego debes estar listo para volver a saltar hacia adelante para bloquearlo en el caso que intente completar el giro y salir corriendo. Cuando digo que debes "alejarte hacia atrás" lo digo literalmente, me refiero a caminar de espaldas; no debes girar y caminar hacia otro lado. Girar tu cuerpo impulsará al caballo en direcciones que no deseas. Alejarte hacia atrás alivia muy rápidamente la presión que él siente que le estás ejerciendo. Si no lo has hecho aún, comienza a prestar especial atención a cómo la posición de tus caderas afecta los movimientos de tu caballo.

Cuando logres que el caballo se detenga con regularidad con su nariz apuntando hacia el cerco, habrá aprendido que "detenerse" es una alternativa viable. El siguiente paso es lograr que el caballo se detenga, pero en dirección paralela al cerco. Con tu caballo de frente al cerco, pídele que se mueva a lo largo del cerco. Luego, simplemente muévete para interrumpir su movimiento hacia delante (cuando su cuerpo se ponga paralelo al cerco). Querrás tomarlo con calma. Aplicar demasiada presión en este momento hará que tu caballo se dispare, se aleje corriendo. Si el caballo se aleja, simplemente vuelve a posicionarlo (con la nariz hacia afuera) y pídeselo nuevamente. Utiliza la posición de tu cuerpo para de alguna manera "insinuarle" cómo posicionarse. Por el contrario, si la vocecita en tu cabeza te dice que tu caballo no está trabajando en conjunto contigo, entonces lo mejor que puedes hacer es ponerlo a dar un par de vueltas al corral al galope para despertarlo. Lo peor que puedes hacer es permitirle que simplemente se arrastre durante este trabajo.

(Comprende que una de las cosas que tu caballo está aprendiendo es que existen diferentes pedidos y que su tarea es entender cuál estás buscando. Cuando comenzaste a trabajar en el corral redondo, aplicarle presión simplemente significaba "muévete". Ahora está aprendiendo que moverse hace que tú aflojes –pero también detenerse, girar hacia adentro, girar hacia afuera, etc.– Es más que enseñarle cualquiera de las maniobras en particular. Es enseñarle al caballo a pensar sobre lo que le estás pidiendo, un concepto muy novedoso para él).

Uno de los conceptos más importantes que necesitas incorporar es este: cuando le pides al caballo que se mueva, él se mueve exactamente una batida después. Debes implementar una política de tolerancia cero absoluta. Mientras estén trabajando en el corral redondo, le harás exactamente un solo pedido a tu caballo para que se mueva (algo, lo que sea) antes de respaldar tu pedido con motivación (arrojar tu lazo, usar tu látigo, cantar una estrofa de "La flauta mágica", etc.). Debería funcionar así: haces ruido de beso (o lo que sea que haces para sugerir movimiento) y el caballo se mueve. Sin embargo, si tú haces ruido de beso y el caballo se te queda mirando, debes explotar como una serpiente enroscada. Es fundamental que NUNCA permitas que el caballo ignore un pedido para que se mueva. No puedes hacer que se quede quieto, pero sin duda puedes hacer que se siga moviendo. Sí tienes ese poder.

Moverse en dirección equivocada es siempre, siempre, siempre mejor que no moverse. Si quieres que se mueva hacia adentro y el caballo gira hacia afuera, por lo menos se ha movido y no ha aprendido a ignorarte. Solo puede moverse en seis direcciones (arriba, abajo, izquierda, derecha, adelante y atrás) y eventualmente te saldrá bien si sigues este proceso sencillo (y fijas tus prioridades en el siguiente orden): siempre que estén entrenando, haz que se muevan sus patas, luego consigue que se muevan de manera constante, y que se muevan a donde tú quieres que vayan. Por lo tanto, siempre será intolerable que se quede congelado o que ignore nuestro pedido para que se mueva. El otro lado de la moneda es que tú debes recordar aflojar cuando sea posible, aligerar tu postura y acariciar seguido al caballo. Debes buscar continuamente oportunidades para aliviar la presión sobre el caballo cuando hace lo correcto. Mantenerlo corriendo alrededor del corral redondo sin aflojar ni felicitarlo hará que te tenga miedo. Sonríe mucho, diviértete, busca aquí y allá oportunidades para simplemente pasar el rato y relajarte.

¿Puedes lograr con regularidad que tu caballo se detenga con el cuerpo paralelo al cerco? ¡Excelente! Sigamos: detén tu caballo (una vez más, su cuerpo en dirección paralela al cerco) y párate frente a él. En este punto, nuestra meta será simplemente esta: lograr que el caballo te mire con dos ojos. ¿Por qué dos y no uno? Verás rápidamente (cuando intentes hacer esto) que el caballo es hábil en mantener un ojo puesto en ti y el otro en la salida (es producto de que es un animal de presa). Observa esas orejas, muchas veces sugieren en qué dirección miran los ojos. Tener dos ojos puestos en ti significa que el caballo está sintonizado contigo –no con la salida, ni con el caballo del corral de al lado–. Durante toda la parte siguiente, debes insistir en que te ponga "los dos ojos" encima cada vez que haces un pedido.

Párate frente al caballo y pídele que te mire con ambos ojos. Si está mirando a otro lado, recupera su atención llamándolo, moviendo los brazos, chasqueando los dedos... lo que sea. Haz una pausa y espera. Desviará la mirada. Apenas lo haga, vuelve a pedirle que te mire con los dos ojos. Si tu caballo tiene tendencia a salir corriendo preso del pánico, entonces tómatelo con calma y utiliza lo mínimo que haga falta para que esos ojos regresen a ti. Pero, con el mismo criterio, no tengas miedo de hacer lo que sea necesario para que esos ojos vuelvan a mirarte. No puedes permitirle que te ignore. Confía en mí, todos caen en esta trampa: has trabajado duro para lograr que el caballo se detenga; no quieres hacer que salga corriendo, pero no puedes permitirle que te ignore, así que despiértalo si es necesario.

Hemos comenzado parándonos frente al caballo por una sencilla razón: es el lugar más fácil para pararnos si queremos que el caballo nos mire (obvio, ¿no?). Pero queremos que el caballo nos siga con ambos ojos, no importa a dónde vayamos, así que ahora darás un solo paso lateral hacia el interior de la pista. Pídele al caballo que ponga ambos ojos sobre ti y que los mantenga allí. El caballo deberá entonces girar un poco la cabeza para mantener la vista puesta en ti. Contrólalo desde este ángulo, y luego haz otro paso lateral hacia el centro. Muévete gradualmente hacia el centro, haciendo que el caballo tenga que doblar el cuello para poder mirarte. Eventualmente, su cuello le dirá al resto del cuerpo que gire hacia ti porque está incómodo. Eso es lo que estamos buscando. Construye sobre esto.

No tomará mucho tiempo para que el caballo comience a seguir tus movimientos dentro del corral. A medida que tu caballo comienza a tomarle la mano al asunto, intenta moverte rápidamente a tu derecho o izquierda. Camina en círculos, aquí, allá, y por todas partes, pidiéndole al caballo que se mueva más rápido para seguirte el ritmo. Esto tiene como efecto solidificar en la mente del caballo este concepto de "mírame no importa dónde yo esté".

Finalmente, posiciónate de tal manera que él tenga que dar un verdadero paso hacia adelante para poder seguirte. Para lograrlo, simplemente juega con el ángulo por el que te acercas al caballo para ver qué tipo de movimiento debes hacer para lograr que el caballo realmente avance. La mayoría de las veces, simplemente pararte en un ángulo ligeramente por detrás de su hombro delantero hará que tenga que dar un paso hacia adelante cuando se mueve para ponerse frente a ti.

Este movimiento hacia adelante es un paso crítico en nuestros esfuerzos por crear una relación. El caballo está comenzando a pensar en estar con nosotros, no en escaparse.

Cuando tu caballo te sigue por todas partes, cuando puedes ir a la izquierda o a la derecha y él mantiene constantemente esos dos ojos fijos en ti, estás listo para seguir adelante. Ya debes haber notado un subproducto bastante bueno de este último paso: cuando el caballo gira hacia ti, ya no tuerce su cuerpo rígidamente, sino que afloja el músculo del cuello y su cuerpo entero se curva como una culebra enroscada a un árbol. Esta es una señal excelente (esa falta de rigidez y la buena voluntad) de que está ocurriendo un cambio dentro de su mente (y, por contraste, cuando ves un caballo que gira hacia ti con rigidez, debes ver una señal de que quizás él esté simplemente cumpliendo con la maniobra, pero sólo a regañadientes, hay poco respeto. ¿Puedes ver cómo un caballo adulto que muestra tal actitud podría también presentar problemas al montarlo?).

El siguiente paso es fácil pero debe hacerse exactamente como está aquí planteado, como un paso de baile: ¿has notado que cuando te alejas del caballo hacia atrás, mientras él te mira con ambos ojos, se siente "atraído a ti" como por un imán? Bien, usa este fenómeno para la parte que sigue. Aléjate de la cabeza del caballo moviéndote hacia atrás, da un paso lateral hacia tu derecha, luego comienza a caminar hacia la parte trasera del caballo (solo estarás a un poco menos de un metro del caballo en este punto). Tu caballo debería estar siguiéndote con sus dos ojos, sus caderas alejándose como para poder seguir mirándote (girando sobre el eje de su pata delantera). Mira la pata trasera del caballo, la que está más cerca de ti (la izquierda si estás del lado izquierdo del caballo). Continúa haciendo girar al caballo (la cabeza hacia ti, alejando las caderas) hasta que la pata trasera más cercana a ti se coloque por delante de la otra. En ese momento, gira a tu izquierda (hacia el hombro del caballo), y pasa a su lado deteniéndote a unos 6 pasos delante de él. Hacer que el caballo gire, y luego girar tus propios hombros como describí y alejarte, tiene el efecto de crear en el caballo impulso y curiosidad, haciendo que se nos acerque. Nuestra meta es lograr que dé al menos un paso hacia nosotros mientras nos alejamos (fíjate que hacer que sus patas se crucen de esa manera también hace que el caballo se adelante un poco tal como si estuvieras manejando un títere).

Sigue practicando esto y fíjate cómo tu caballo es atraído hacia ti mientras giras los hombros. Será como si su cuerpo entero fuera llevado hacia adelante por el giro de tus hombros. Al principio parece raro, hasta que analizas lo que está sucediendo: cuando alejamos la cadera del caballo, haciendo que la pata más cercana a nosotros se cruce por delante de la otra, estamos colocando el cuerpo del caballo, sus pensamientos y su energía en una posición hacia adelante. Cuando le permitimos salir del giro (al girar nosotros y alejarnos) su impulso lo lleva naturalmente hacia adelante. Además, su curiosidad nata (cuando terminamos abruptamente y simplemente nos alejamos) también ayuda a traerlo hacia nosotros.

La secuencia en esta etapa, entonces, es así: camina hacia la cadera del caballo, llevándote contigo la mirada de sus dos ojos. La cadera se alejará y cuando la pata trasera más cercana a ti se cruce por delante de la otra, gira (hacia el anterior del caballo), y camina a su lado sobrepasándolo. Haz una pausa. Repite. Cuando tu caballo coloca con regularidad la pata más cercana a ti por delante de la otra al pedirle que gire y luego avanza un paso hacia ti con todo su cuerpo, estás listo para seguir adelante. Si se atasca, pídele que lo haga más rápidamente. La energía que le pones es la energía que recibes.

En esta última parte, nuestra meta era alejar las caderas, con la ventaja de que también el caballo se movía hacia adelante y hacia nosotros. Ahora, utilizaremos nuestro lenguaje corporal para hacer girar sus hombros, alejándolos. Muchas veces notarás que tu caballo está como meciéndose hacia atrás cuando recién comienzas a trabajar en su anterior. Generalmente colocan la pata delantera (la más cercana a ti) detrás de la otra (esto no es lo que queremos). Esto hace que el caballo se "balancee" hacia atrás como un árbol movido por el viento. También parece colocarlo en una posición que sugiere que va a salir hacia la izquierda. Seguiremos trabajando con esto hasta que aprenda a colocar correctamente sus patas, logrando que el caballo tenga una postura hacia adelante en todos los aspectos (la inclinación de su cuerpo, la ubicación de sus patas, sus pensamientos).

Encontrarás que esto es un poco más difícil que el trabajo que hiciste recién con el posterior. Por esta razón, para mí es más fácil lograr esta maniobra, al menos al principio, manteniendo cierta distancia del caballo. Le habíamos pedido que alejara las caderas parándonos bastante cerca del caballo, como a menos de un metro. Pero ahora, aléjate unos tres o hasta seis metros y pídele que comience un giro hacia afuera, tal como lo practicaste antes. Esta vez, fíjate en la pata delantera más cercana a ti. Cuando se cruza por delante de la otra pata delantera, gira abruptamente sobre tus talones, aléjate caminando y relájate un momento. Haz que el caballo entienda que lo único que queremos ver es que la pata más cercana haga un paso por delante de la otra. Cuando el caballo cruza "incorrectamente" las patas, lo que está haciendo (en su mente al menos) es inclinarse más lejos de nosotros o, aún peor, colocarse en una posición para alejarse corriendo. Cruzar correctamente (la pata delantera más cercana a nosotros se cruza por delante de la otra) lo mantiene con una postura erguida, hacia adelante y positiva.

Trabaja en esto gradualmente, acercándote de a poco hasta que estés cerca del caballo cuando gira en la dirección contraria a donde estás tú. Afloja la presión únicamente cuando da el paso correcto. No tardan mucho en comprender el concepto y comenzar a pisar correctamente en forma constante (te ayudará si lo ves como lo que realmente es: un giro hacia afuera desde cerca). Trabaja hasta el punto en que puedas caminar hacia tu caballo y él haga un giro (como un sacacorchos) de cinco pasos consecutivos correctos. Es decir, que la pata delantera más cercana a ti se cruce por delante de la otra cinco veces seguidas (no te preocupes por lo que están haciendo las patas traseras). Entonces estarás listo para pasar a lo siguiente. Si tu caballo mueve continuamente la pata más cercana a ti por detrás de la otra, entonces afloja y procede nuevamente desde cierta distancia, pidiéndole un "giro hacia afuera". Esto hará que lleve su cuerpo erguido y hacia adelante, en vez de mecerse hacia atrás antes de dar un paso.

A continuación, simplemente combinarás las últimas dos maniobras: camina hacia la cadera, alejándola, pidiendo que la pata trasera más cercana a ti se cruce por delante de la otra. Luego gira hacia el hombro del caballo y haz un paso o dos hacia adelante antes de girar y caminar hacia la cabeza y el cuello, pidiendo que las patas delanteras y los hombros se alejen. En el momento que la pata delantera se cruza correctamente, gira y aléjate (girando tu cuerpo hacia tu izquierda si el caballo ha estado girando a la derecha), usando el giro de tus hombros para pedirle al caballo que te siga hacia adelante. Tu meta es lograr un movimiento fluido de baile. No debe haber ni paradas ni arranques abruptos; el movimiento debe fluir suavemente. Si suena difícil, no lo es, simplemente haz esto: pídele a la cadera que se aleje, luego al hombro, luego gira y aléjate esperando que el caballo te siga.

Cuando hacías tus giros hacia adentro, ¿notaste cómo tu caballo empezó a cortar camino pasando por el centro, acercándose cada vez más a ti? Siempre que tu caballo no sea agresivo, esto es en realidad algo bueno –y lo usaremos ahora a nuestro favor cuando le enseñemos al caballo a venir cuando lo llamamos–.

Para enseñarle al caballo a venir cuando se lo ordenamos, ponlo a andar en círculo, digamos que hacia la izquierda. Cuando se va acercando, da un paso lateral hacia la izquierda para sugerirle que haga un giro hacia adentro. De hecho le estás cortando el paso, como parándote frente a él. Su impulso lo llevará hacia ti. Si se desvía, volviendo hacia su izquierda o su derecha, da un paso de manera tal que le pides un giro inmediato hacia adentro, nuevamente en tu dirección. Al principio puede que él solamente dé un paso o dos hacia ti, pero repítelo varias veces y verás que comenzará a acercarse cada vez más. Al igual que con nuestro trabajo anterior, no tengas miedo de hacerle dar algunas vueltas por el corral si te parece que no está haciendo un buen esfuerzo. Si ese es el caso, despiértalo y vuelve a comenzar. Cada vez que se detenga, acércate y acarícialo, haz que se sienta de mil maravillas, convéncelo de que la vida es buena cuando se te acerca (de la misma manera, debes ser firme cuando le pides que se vaya. Cuando lo echas, más vale que se vaya. Que ignore un pedido de este tipo es señal de falta de respeto y puede convertirse en algo peligroso).

En algún punto ya no va a acercarse más (nota: si tu caballo no quiere acercarse más, podría bien ser porque aún te tiene un poco de miedo –y eso es exactamente por lo que es importante acariciarlo frecuentemente, haciéndole saber que no vas a lastimarlo–). Cuando esto suceda, hay tres correcciones que funcionan. Primero, apenas llega al punto donde ya no se acerca más, gira abruptamente sobre tus talones y aléjate como si no te importara. No intentes acariciarlo, actúa como si no fuera importante. Quédate tranquilo del otro lado del corral por unos treinta segundos. Este sencillo acto despertará el interés del caballo y hará que se acerque más. Segundo (y esto siempre funciona) camina hacia su cadera, pidiéndole que la aleje y cruce la pata trasera más cercana a ti por delante de la otra como hiciste antes –y luego intenta lo mismo del otro lado–. Mientras alternas el movimiento del posterior del caballo a la izquierda y luego a la derecha, verás que se va acercando. Podrás encontrar que es más expeditivo concentrarte más en un lado que en el otro, pero ya tienes la idea: hacerle cruzar la pata posterior más cercana a ti por delante de la otra hace que vaya adelantándose lentamente –quiera hacerlo o no–, entonces es una buena manera de desatascar al caballo "atascado". Finalmente, la corrección número tres es sencillamente esta: haz que el caballo circule nuevamente por el corral a mayor velocidad. Muchas veces este impulso incrementado hace que el caballo se destrabe y se acerque.

Nota: no le pidas a un caballo con cualquier tipo de tendencia agresiva que se te acerque con velocidad. En cambio, vuelve a realizar más cantidad de giros hacia adentro y hacia afuera para crear mayor respeto.

Un comentario breve sobre cómo acercarte a tu caballo en el corral redondo: no vayas cauteloso y lento como león al acecho de una gacela. Tus movimientos extraños le indicarán al caballo que pasa algo y no confiará en ti. Mejor, simplemente camina hacia él y acarícialo; no le des demasiada importancia. Si se aleja corriendo, recuerda que estás en un corral que es redondo. Puede correr, pero ¿adónde va a ir?

Finalmente, posiciona a tu caballo contra el cerco, esta vez con la cabeza apuntado hacia el centro, con su posterior contra el cerco. Utiliza una serie de giros hacia adentro para detenerlo en esa posición si fuera necesario. Gira y aléjate del caballo, hacia el otro lado del corral. Si tu caballo te sigue, y probablemente lo haga, entonces llévalo nuevamente a su posición, dejando la mano en alto como un oficial de tránsito como para decir "quédate" hasta que finalmente se quede en posición. Quizás necesites ponerte agresivo, pidiéndole giros rápidos hasta que se haga a la idea de quedarse parado quieto, pero es importante que el caballo no decida acercarse a ti por su propia cuenta. En una manada, el caballo sumiso nunca se acercaría a un caballo más dominante de manera tal de sugerir que no tiene respeto por sus respectivos rangos. Tu relación con tu caballo depende de una comprensión similar y entonces este concepto ("este es mi espacio, yo soy el jefe, te acercas solamente cuando yo te invito") DEBE enseñarse y cumplirse.

Detente más o menos a la mitad del corral y haz ruido de beso. Si el caballo simplemente se te queda mirando, entonces haz que mueva esas caderas (un lado, luego el otro, como antes) para darle la idea de que quieres que avance. Podrías también simplemente intentar ponerlo a andar, luego de inmediato pedirle un giro hacia adentro, sugiriendo con tu lenguaje corporal que debe girar hacia adentro y venir hacia ti. Rápidamente comenzará a asociar tu ruido de beso y tu postura con "ven" y todo lo que necesitas hacer es incrementar gradualmente la distancia desde la que le haces el pedido. Enseñarle al caballo a venir al trote o hasta al galope es simplemente cuestión de ponerlo a circular en el aire elegido y luego pedirle un giro hacia adentro como antes. Si el caballo está detenido cuando le pides que venga al trote o al galope y viene caminando, entonces infúndele un poco de energía para sugerirle que debe "moverse más rápido". Vuelve a ponerlo a circular a mayor velocidad si fuera necesario porque, una vez más, la energía que le pones es la energía que recibes.

Fin del Día Dos

Día Tres: Enfrentando el miedo ("Spook in Place")

He oído decir al entrenador de caballos Clinton Anderson que si el caballo naciera sin cola, y de pronto una mañana le apareciera una cola ahí atrás, se pasaría el día escapándose de ella. Los caballos se desensibilizan a los objetos que los rodean a diario, lo que ven con frecuencia: los comederos de heno, el bloque de sal, el gato que ronda todos los días el lugar; estas cosas no son nada importantes. Las vacas asustan a los caballos "urbanos", pero no son un problema para los caballos del campo. También hemos visto este proceso de desensibilización en el caballo que no quiere moverse a pesar de nuestros golpes de talón: él ha aprendido que ese golpe no duele –y francamente, prefiere quedarse ahí parado, gracias–. Si montas un caballo sin entrenar y le das un buen golpe con tus talones, probablemente termines en el suelo. El viejo caballo de escuela se ha acostumbrado tanto a eso (los golpes de talón, los ruegos lastimosos) que ya no tiene ningún efecto.

El caballo que no sale trotando cuando se lo pedimos debe ser "resensibilizado" a nuestras ayudas, y el caballo asustadizo necesita "desensibilizarse" (al contacto de nuestras manos, al repelente de insectos, a la montura). Pero he aquí un punto muy importante que debes tener en cuenta: puedes dedicar toda tu vida a desensibilizar a tu caballo a los objetos nuevos y atemorizantes y nunca terminarás. Es por eso que manejamos aquellos objetos que pueden tocarlo o con los que él puede entrar en contacto con frecuencia (como una lona en movimiento, la máscara antimoscas, o el mandil) de manera diferente que las situaciones desconocidas que pueden surgir en la pista o en el predio de exposición. Para armarnos contra lo "desconocido", veremos una descripción en detalle de cómo enseñarle al caballo a mantenerse en el lugar y afrontar las cosas que lo asustan mediante un ejercicio que John Lyons denomina "Spook in Place". Si bien no podemos decirle al caballo que "no tenga miedo", sí podemos enseñarle qué hacer con las patas cuando se asusta –y de eso se trata este ejercicio–. En el segmento de mañana (Día Cuatro), comenzaremos el proceso de desensibilizar al caballo a objetos comunes como tus manos, el equipo, etc.

Una palabra de precaución: los ejercicios de este tipo, por sí solos, no son varitas mágicas. Si estás montando a tu caballo y te encuentras con que sus patas traseras están levantadas por encima de su posterior, ya es demasiado tarde para sacar a relucir este ejercicio o cualquier otro y rogar que te salve. Seguro, si tu caballo comienza a corcovear puedes (y debes) hacer girar sus caderas y si sale disparado también debes hacerlo –pero ese es un último recurso desesperado–. No dejes que la cosa llegue a ese punto. Los caballos son seres vivos con emociones y días buenos y días malos. Cuando montas a tu caballo, tienes que mantenerlo involucrado todo el tiempo, que esté pensando en ti. Construye un cortafuego entre tú y el peligro manteniendo ocupado a tu caballo, implementa una póliza de seguros enseñándole ejercicios como "Spook in Place"; pero no dependas de una sola cosa. Es la totalidad de tu trabajo –y tu buen sentido común– lo que te mantendrá a salvo.

El ejercicio "Spook in Place" es una de las tantas lecciones que necesita aprender tu caballo y se trata de esto: estás montando y sucede algo inesperado, quizás se cruza una mofeta, o pasa alguien en motocicleta, o vuela una bolsa de plástico, o ladra un perro… no importa. Como he dicho, no podemos prever todas las situaciones posibles y no podemos pretender erradicar por completo el miedo que siente nuestro caballo, entonces necesitamos enseñarle a "manejarlo". Lo logramos ejerciendo mayor o menor "presión de miedo". Comenzamos mostrándole lo que esperamos con una presión de 0,01 y de ahí vamos aumentando. Ten esto en cuenta: ¿recuerdas lo incómodo que te sientes cuando estás asustado? No quieres sentirte así, y tu caballo tampoco quiere. Él prefiere estar relajado. Fortaleceremos su habilidad para manejar sus miedos incrementando la presión, luego aflojándola –una y otra vez, como quien fortalece un músculo–.

Primero, tendrás que buscar en tu casa, patio o establo algunas "cosas que den miedo". Es decir, debes encontrar veinte objetos que podrían asustar a tu caballo, pero cada uno en un grado diferente. El bolígrafo que podrás tener en tu bolsillo no asustará (probablemente) a tu caballo tanto como una lona suelta al viento, y la gorra que llevas puesta no es tan aterradora como el juguete ruidoso de un niño o una lata de café llena de piedras. Encuentra veinte objetos (a lo largo de todo el espectro del horror), ponle a tu caballo protectores, y dirígete al corral redondo.

Lo que vamos a hacer debe verse como un juego, uno que quieres ganar. Tu objetivo es evitar que el caballo se mueva; pierdes un punto cada vez que él da siquiera un paso. Lo que hace que este juego sea interesante es que debes mostrarle al caballo los objetos atemorizantes y molestarlo –pero de manera tal que no se aleje de ellos–. Recuerda, si da un paso, perderás un punto.

Mentalmente, ordena los objetos que has acumulado en orden ascendente, desde los menos atemorizantes a los más atemorizantes. El primero y el que da menos miedo podría ser un limpiacascos, el número veinte sería una motosierra encendida. Toma el primero y párate en el lado opuesto del corral de donde está tu caballo, de espaldas a él. Date vuelta, pídele que te mire con los dos ojos, y "revela" tu objeto menos atemorizante. Idealmente, el caballo se quedará parado, mirándote (si hace cualquier cosa más que levantar las orejas, busca un objeto que sea "menos atemorizante" y vuelve a comenzar). Girarás, mostrarás ese único objeto y quizás susurres "bu". Tu caballo prestará atención, pero probablemente no hará nada. Entonces dejarás el objeto en el suelo y caminarás hacia tu caballo. Lo acariciarás y regresarás al lado opuesto.

Luego, comienza a agregarle intensidad a tus "bu" y a tus movimientos. Di "bu" en voz alta y quizás agrega un movimiento de mano. Observa al caballo y si simplemente te mira, deja el objeto y camina tranquilamente hacia él para acariciarlo. Si se da vuelta y se aleja, pídele un giro hacia adentro, haz que vuelva a mirarte con ambos ojos y vuelve a comenzar. A partir de aquí harás la transición desde un susurro, a voz alta, a un grito; moverás las manos, aplaudirás, bailarás. Con cada presentación del objeto, irás aumentando la intensidad al punto que logres alguna pequeña reacción del caballo. Estás buscando que levante las orejas al frente, que resople o que levante y deje caer la cabeza. Quieres que se activen un poco sus emociones. Afloja la presión cuando logres esta reacción, deja caer cualquier objeto que tengas en la mano, cálmate, y acaricia a tu caballo. Cuando tu caballo ya no reacciona frente a un objeto, es hora de aumentar tu intensidad.

Una vez más, tu meta es enseñarle a quedarse en el lugar. No lo asustes tanto que salga disparado, pero lo suficiente para lograr cada vez una pequeña reacción. Pero ¿qué tienes que hacer si sale corriendo? Si se aleja solo unos pocos pasos, simplemente le pedirás un giro hacia adentro, vuelves a traer esa mirada con sus dos ojos hacia ti y vuelves a comenzar. Debes estar atento, sin embargo, si el caballo se aleja y se detiene como pensando "quizás deba quedarme". Esa es una muy buena señal. Nuestra lección está comenzando a penetrar; él está pensando. Así que cuando el caballo regrese hacia ti asegúrate de felicitarlo efusivamente. Si sale disparado y logra dar un cuarto de vuelta o más alrededor del corral pídele un giro hacia adentro y pon atención en hacerlo regresar en la dirección por la que se fue (es decir, si se dispara hacia tu derecha, no le permitas regresar por la izquierda completando una vuelta por el corral. Haz que gire hacia adentro y regrese por tu derecha). Si sale corriendo a mil kilómetros por hora, déjalo ir, pero oblígalo a dar varias vueltas. Que entienda que escabullirse no es la respuesta, de hecho, provoca más trabajo. Para disuadirlo haz que dé varias vueltas alrededor del corral. Ten mucho cuidado de no permitirle a tu caballo tomar la costumbre de simplemente dar una vuelta y luego regresar hacia ti. Eso no va a crear un cambio en su mentalidad.

La idea es activar y relajar las emociones del caballo como una bandita elástica que se estira y luego se suelta. Cada vez que el caballo mira el objeto y mantiene las patas en un mismo lugar, verá que afloja la tensión. Mediante la repetición, sus reacciones se van haciendo menos intensas y podemos exponerlo a un objeto que lo aterrorizaba tan solo un día atrás.

Cuando logras ir de aquí para allá, agitar los brazos y gritar con el objeto número uno en la mano –con poca o ninguna reacción del caballo– es hora de aumentar la presión. Toma el objeto número dos y repite el proceso: muéstrale el objeto al caballo, aumenta la intensidad de tu voz y tu lenguaje corporal hasta que obtienes de él una pequeña reacción, luego suelta la presión y acarícialo. No utilices un objeto una vez que el caballo ya no reacciona frente a él. El propósito de este ejercicio no es desensibilizarlo a algo en particular, es acondicionar su respuesta.

Fin del Día Tres

Día Cuatro: Desensibilizar el caballo al contacto

Si algún día vas a querer ensillar y montar a tu caballo, y supongo que esa es tu intención, necesitarás hacer que tu caballo "se acostumbre" a que lo toquen en cualquier parte, en cualquier momento, de cualquier manera. Querrás un caballo que acepte con serenidad que lo toquen, ya sea de maneras esperadas (como al cubrirlo con una manta o al cepillarlo) o de maneras inesperadas (como cuando se te cae una rasqueta sobre su casco trasero o rozas su panza con la mano al intentar ajustar la cincha). Quieres –necesitas– tener un caballo que se quede parado tranquilamente si ve que tu mano se acerca… o si te tropiezas y te caes debajo de su cola.

A medida que vamos avanzando, por favor ten en cuenta lo siguiente: en cualquier entrenamiento en el que estás conscientemente "desensibilizando" a tu caballo, sea al tacto de tus manos, de la montura, o del látigo de adiestramiento, siempre debes combinarlo con una cantidad equivalente de "sensibilización", específicamente a aquellas señales frente a las que quieres ver algún movimiento. No querrás hacer un trabajo "tan bueno" que accidentalmente logre desensibilizar al caballo frente a aquellas señales que quieres mantener afinadas. Quieres que el caballo se mueva cuando haces ruido de beso, quieres que el caballo se retire de tu espacio cuando se lo indicas, quieres un caballo que se mueva libremente al final de la cuerda. Esto debe ser un punto importante a tener en cuenta cuando entrenas, porque muchos caballos, cuando se sienten muy cómodos contigo, también comienzan a no tomarte en serio –y no solo comienzan a empujarte con los hombros o a salir corriendo apenas le quitas el cabestro, también te pierden el respeto–. Comienzan a anticiparse a tus órdenes. Bien podrías estar montando a un caballo que ha decidido que lo que él quiere tiene prioridad. Si hay un problema y tú piensas "izquierda", él anula tu pedido y va a la derecha. Al desensibilizar a tu caballo, entonces, tómate el tiempo necesario cada tanto para verificar tu habilidad para hacer que se mueva –de inmediato– cuando se lo indicas. Hazlo conscientemente, planifícalo y busca que el caballo se mueva al instante. Trabaja durante cinco minutos desensibilizando a tu caballo a una cosa u otra, luego tres minutos pidiéndole que mueva las caderas, o que retroceda, o dé unos pasos al costado, o cambie de dirección en el corral redondo. Tenlo en cuenta para las tareas a continuación.

Si has dominado los Días Uno al Tres, dirígete al corral redondo, pídele al caballo que te mire con los dos ojos y acércate a él, con decisión (recuerda, no debes moverte sigilosamente como un león al acecho). Acaricia su cabeza con un movimiento breve, gira y aléjate. Que sepa que eso es todo lo que querías hacer. No olvides que cada vez que intentas algo nuevo con un caballo, él no sabe si lo que acaba de suceder es algo permanente. ¿Esa montura o ese jinete van a estar siempre sobre su lomo? ¿Tu mano ahora está permanentemente pegada a su frente? No tiene manera de saberlo. ¿Que te acerques significa peligro? Es un animal de presa que ha sobrevivido no por ser "confiado".

Si aún no puedes tocarlo con tu mano, si siempre te esquiva cuando te acercas, entonces utiliza lo que has aprendido para impulsar al caballo hacia ti y lograr que se quede ahí parado, "con los ojos enfocados en ti": párate a un lado y pídele que aleje sus caderas (recuerda que debe cruzar la pata trasera más próxima a ti por delante de la otra), luego ve al otro lado del caballo y haz lo mismo. Utiliza esta técnica sencilla para hacer que "se vaya acercando" a ti. Igual que cuando le enseñaste al caballo a venir a ti, puedes también intentar hacer que dé algunas vueltas al corral o pedirle varios giros rápidos hacia adentro para motivarlo a dar la respuesta correcta (en este caso: quédate cerca de mí, no te alejes). Cualquiera de estos métodos funciona perfectamente para hacer que el caballo piense que quedarse parado y que lo acaricien es más fácil que trabajar.

Una vez que está en posición, intenta muy brevemente pasar tu mano sobre su cabeza, sus hombros o su cruz. Si se aleja, vuelve a posicionarlo e inténtalo nuevamente −esta vez da unos pasos atrás y acaricia el aire, gira y aléjate−. Repítelo, acercándote gradualmente, acariciando el aire, girando y alejándote. Cuando estés a un brazo de distancia, extiéndete hacia adelante tan rápido como un rayo para acariciarle el cuerpo una vez, luego gira y aléjate (asegúrate de acercarte desde el frente, hacia su hombro para evitar que te patee). Quizás se aleje, pero habrás roto el hielo mostrándole que lo único que querías era un simple toquecito. Con tiempo y luego de muchas repeticiones, reduce la velocidad de tus movimientos conscientemente, acariciando al caballo por períodos cada vez más largos (quizás necesites regresarlo muchas veces a su posición). El caballo pronto verá que lo único que quieres es una caricia corta, que no le dolió −y que en realidad es agradable que lo acaricien−.

Si la vocecita en tu cabeza te dice que tu caballo podría responder agresivamente cuando te acercas (mordiendo, pateando, etc.), entonces acércate, acarícialo y aléjate tal como se ha dicho arriba, pero usa un látigo de adiestramiento como una extensión de tu mano para mantener tu cuerpo a una distancia segura. El caballo se acostumbrará pronto al roce del látigo y entonces podrás usar las manos.

Si, a pesar de todo lo que intentas, el caballo no deja que lo toques, analiza objetivamente si no estarás asustándolo por acercarte demasiado rápido, o si no lo estás acariciando lo suficiente, o si estarás siendo "sigiloso", o hasta tomándotelo con demasiada cautela. No tengas miedo, si parece que la cosa se está estancando, intenta algo completamente opuesto a lo que has estado haciendo.

Comienza por acariciar rápido y brevemente cualquier parte (de la mitad anterior) del caballo que puedas tocar y aprovecha los pequeños logros, continuamente acercándote, acariciando por períodos cada vez más largos, girando y retrocediendo. Con cada repetición, y cuando se pueda, comienza acariciando la cruz del caballo y "expándete" desde ahí hacia puntos nuevos sobre el cuerpo del caballo, regresando a la cruz antes de quitar las manos. Observa el lenguaje corporal del caballo en este momento: si sientes que dará un tirón con la cabeza a los tres segundos, deja de acariciarlo a los dos segundos, gira y aléjate. Si comienza a alejarse (sus patas), pídele que gire nuevamente hacia ti, que te mire con los dos ojos, e inténtalo de nuevo. Asegúrate, especialmente con un caballo novato, de mantenerte siempre bien alejado de esas patas traseras que podrían patearte (simplemente párate adelante del hombro del caballo y ligeramente al costado).

Un punto importante: fíjate en la postura del caballo. Si tu sentido común te dice que está tenso, de proa a popa, entonces muévete a un lado o al otro, pidiéndole al caballo que gire y te mire. Lo que no queremos es que el caballo se quede ahí parado (especialmente por un período cada vez más extenso) poniéndose más y más ansioso por dentro. No es difícil hacer un diagnóstico rápido; o se ve relajado o no. Para prevenir que tu caballo se ponga demasiado nervioso (y "contracturado") puedes acercarte y alejarte cada vez desde una dirección diferente. Eso hará que tenga que girar constantemente para estar frente a ti y lo mantendrá mucho más relajado. Si se le permite a un caballo especialmente nervioso quedarse parado, podría fácilmente acumular más ansiedad de forma progresiva hasta explotar –directamente sobre ti–. Teniendo esto en cuenta, intenta mantenerlo relajado pidiéndole que gire y cambiando regularmente su posición. Haz de cuenta que está hecho de arcilla y que debes siempre volver a darle forma para que no se "endurezca" (esto es especialmente importante más adelante, cuando le pones por primera vez una montura).

Tienes que lograr que tu caballo se desensibilice por completo al contacto de tus manos sobre sus orejas, por encima de sus ojos y en la zona de la cincha. Es común olvidarse de las zonas de su mentón y sus labios. Trabaja bastante sobre ese mentón peludo, usando ambas manos y frotándolo en todas las direcciones que se te ocurran. Que se acostumbre hasta el punto de estar prácticamente entumecido al contacto de tus manos, o tendrás que lidiar con el movimiento de vaivén de su cabeza cuando intentes ponerle por primera vez el bridón. (Nota: si no puedes separarle los labios con dos manos y verle los dientes, y no puedes ponerle los dedos en las orejas sin que sacuda la cabeza, no has trabajado lo suficiente).

Si hay un lugar (adelante o atrás) que parece poner especialmente nervioso al caballo, entonces mueve rápidamente las manos. Pasa tu mano a la velocidad de un relámpago por sobre sus orejas, por ejemplo, antes de que pueda quitar la cabeza. Haz una pausa, y luego repítelo. El movimiento veloz le muestra al caballo que "eso es todo lo que querías" y de ahí en más comenzarás a pasar más lentamente tus manos por ese lugar hasta que las puedas apoyar allí.

Antes de trabajar en el posterior del caballo, la parte "pateadora", toma un látigo de adiestramiento o un lazo y haz que el anterior del caballo se acostumbre a ese contacto (si aún no lo has hecho). Comienza tocando rápidamente al caballo con el látigo o la soga, luego quítala y acarícialo. A partir de aquí es fácil replicar con el látigo el trabajo que has hecho con tus manos. Trabaja hasta que puedas colocar la soga o el látigo en cualquier punto de la mitad anterior del caballo, mientras que el caballo se mantiene relajado. Es simplemente una cuestión de "avanza, retrocede, avanza, retrocede".

Como no soy fanático de que me pateen, siempre uso el látigo de adiestramiento para verificar cuál es la reacción inicial del caballo cuando lo tocan en sus patas traseras, sus "partes privadas", o la zona de la cola. Me gusta tener esa distancia. Te sorprendería saber cuántos caballos mayores veo en las clínicas de equitación que siguen amagando con dar patadas. Y veo que hay dueños que racionalizan como locos ("no le gusta que lo toquen"; "no me gusta hacerlo enojar") y simplemente dejan que la situación empeore. Te advierto: si tu caballo patea al sentir el contacto de algo como un látigo de adiestramiento, esto te está diciendo sin ninguna duda que te pateará a ti de la misma manera si te caes allí atrás. Si no te patea a ti, entonces quizás a tu perro o a tus hijos, así que bien vale el tiempo de enseñarle a tu caballo a no patear. Lo logras frotándolo progresivamente cada vez más atrás en su cuerpo, retirando el látigo antes de que pueda moverse, haciendo una pausa de unos tres segundos y luego repitiendo. Si se mueve al sentir el contacto, o patea, no dejes de frotar hasta que se detenga y se relaje y puedas contar por lo menos hasta cinco (deberías subrayar esta última oración; es así de importante. Es una solución muy sencilla para aquellos caballos que patean cuando los tocan, inesperadamente o no).

A medida que desensibilizas progresivamente a tu caballo al contacto del látigo, primero sobre el lomo, luego sobre la cola y cada una de las patas traseras, presta atención a ver si existen ángulos o "puntos de presión" específicos que parecen producir constantemente en tu caballo una reacción negativa. Cuando encuentres alguno, elimínalo de la manera que ya he explicado. Tómalo como un desafío, como si estuvieras jugando a buscar el tesoro escondido: sabes que existen lugares donde el caballo no quiere que lo toquen; encuéntralos. Ten cuidado de mantenerte bien alejado de la zona de patadas, usando tu látigo de adiestramiento para mantener la distancia mientras haces las pruebas. Incrementa gradualmente la presión: comienza a agregar movimientos rápidos antes de tocar al caballo. Auméntalos hasta llegar a hacer algo como girar en tu sitio y gritar "¡Tarán!" y luego frotar el látigo debajo de su cola. Sé creativo. Confía en lo que te digo, QUIERES encontrar problemas –QUIERES corregirlo ahora en vez de más tarde–. Más allá de las patadas, desensibilizar a tu caballo de esta manera ayudará enormemente a evitar más adelante que corcovee, que se dispare, u otras "locuras".

Si usando el látigo de adiestramiento no puedes encontrar ni un ángulo, ni un movimiento o una combinación que provoque una respuesta negativa de tu caballo, aunque te pagara un millón de dólares, entonces estás listo para seguir adelante: repite ese mismo entrenamiento de desensibilización usando las manos.

Durante el proceso, no importa lo que hagas, no dejes de frotar al caballo "porque" se movió. Eso lo sensibiliza, y estamos trabajando para desensibilizarlo. Si tu caballo no logra superar su miedo a algún objeto en particular, debes pasar a algo menos atemorizante (dar un paso atrás en la escala de intensidad), o bien pregúntate si quizás no estarás repetidamente retirando el objeto cuando el caballo se mueve (sensibilizándolo), en vez de retirarlo cuando está quieto (desensibilizándolo).

El siguiente paso es tomar tu látigo de trabajo, lazo, cuerda o lo que sea y comenzar a revolearlo por todos lados. Haz que el caballo se "moleste" un poco, revoleándolo hasta que abra bien los ojos o levante la cabeza, etc., luego déjalo caer y acaricia al caballo. Lo entendiste, es el mismo procedimiento que hemos estado utilizando. Revolea la soga e incrementa la intensidad hasta estar golpeándola contra el suelo a cada lado del caballo, tocándolo en todos los costados del cuerpo, frotándolo por toda la cabeza, y finalmente lánzala sobre el caballo desde direcciones totalmente inesperadas, "de repente". Arrójala al aire y hacia arriba para que su impulso la lleve por encima del lomo y dé la vuelta tocándole la panza desde el otro lado, que le suba por debajo de la cola, o alrededor de las patas traseras, ese tipo de cosas. Ten cuidado de no pararte frente al caballo si estás haciendo algo que podría provocar que se abalance hacia adelante inesperadamente y, por supuesto, mantente lejos de la zona de patadas. Diviértete con esto y no abandones hasta encontrar esos puntos donde el caballo dice "ahí no me toques", hasta que ya no quede ninguno por encontrar aunque de ello dependa tu vida (oye, podría ser así).

A continuación, toma la cuerda de trabajo, colócala por encima de la cabeza del caballo, y toma un extremo en cada mano. Párate de tal manera que si tu caballo levanta inesperadamente la cabeza no te golpee el mentón. Haz que la soga suba y pase sobre las orejas del caballo, y luego baje a lo largo de su nariz. Es muy probable que levante bruscamente la cabeza con este movimiento. Si es así, vuelve a hacerlo, más lentamente, cuidando de aflojar la presión cada vez que el caballo se relaje, por poco que sea. Experimenta y tómate el tiempo necesario (y las repeticiones necesarias) para hacer que la primera reacción de tu caballo sea "ceder ante la presión" en vez de sacar la cabeza agresivamente. Además, trabaja en esto hasta que puedas pasar la cuerda sobre su cabeza de atrás para adelante, de adelante hacia atrás y de lado a lado.

Nuestro último paso –y no lo intentes todavía si tienes cualquier duda de que tu caballo podría patear o saltar inesperadamente– es este: toma una cuerda de trabajo y engánchala al cabestro de tu caballo. Párate del lado izquierdo del caballo (mirando al caballo). Usa tu mano derecha para levantar la cuerda por encima de su cabeza, llevándola hacia el lado opuesto (la cuerda ahora estará del lado derecho del caballo; tú seguirás de su lado izquierdo, con tu brazo estirado por encima de su nuca). Da un paso lateral hacia tu derecha (sin girar), permitiendo que la soga corra por tu mano para llevarla (y también tu cuerpo) hacia el posterior del caballo. Permite que la cuerda caiga alrededor de la grupa del caballo y luego camina hacia atrás, tirando de la soga y llevándola contigo. El caballo debería girar hacia su derecha, alejándose de ti, siguiendo el tirón de la cuerda hasta girar y volver a estar frente a ti. ¿El propósito? Estamos enseñándole al caballo a responder a la presión y no simplemente a seguirnos como un cachorrito. Hazlo tres o cuatro veces de cada lado, manteniéndote atento para recompensar al caballo en cualquier momento que afloje su cuello, liberando la presión que estás ejerciendo.

Si te has tomado el tiempo necesario para desensibilizar al caballo de la manera que he explicado, entonces deberías estar frente a un caballo que no se inmuta ni se estremece ni patea, no importa cómo ni dónde lo tocas. Pero, si esa vocecita te dice que aún existe la posibilidad de que te patee o se ponga tenso al tocarlo, retrocede y vuelve a repasar los pasos anteriores para fortalecer aquellos puntos débiles. Debes lograr "solidificar" este entrenamiento de desensibilización de tu caballo –te alegrarás de haberlo hecho–.

Fin del Día Cuatro

Día Cinco: Levantando las patas

Enseñarle a tu caballo a levantar las patas cuando se lo pides es en realidad mucho más sencillo de lo que la gente pretende que sea. Lo que muchas veces lo vuelve frustrante es nuestro deseo de forzar al caballo a hacer –de inmediato– algo que para nosotros resulta muy fácil. "Solo levanta tus estúpidas patas y quédate ahí parado, tonto". Bueno, mira este asunto desde el punto de vista de un animal de presa –como es tu caballo–: fijar cualquier parte de su cuerpo a otra cosa, a ti por ejemplo, significa que no podrá salir corriendo. Cada cromosoma de su cuerpo de 500 kilos le dice que es lo último que debe hacer. Y que lo apuremos u obliguemos solo empeora las cosas. No esperes hasta que el herrero tenga que levantarle las patas para hacer su trabajo. Lleva tiempo y requiere paciencia entrenar correctamente a tu caballo para que se quede parado y te permita trabajar con sus cascos.

(Voy a suponer que las cuatro patas de tu caballo están sanas cuando comienzas esta etapa –que el cielo te ayude si intentas enseñarle a un caballo rebelde a levantar su pata posterior derecha cuando tiene un absceso en la pata anterior izquierda–).

La excelente noticia es que ya has hecho la mayor parte del trabajo. ¿Has trabajado consecuentemente para cumplir con los objetivos de los Días Uno a Cuatro? Si te tomaste el tiempo para transformar a tu caballo en un compañero atento y confiado, entonces el segmento de hoy será muy fácil y sin misterios. El Día Uno, cuando tomamos control por primera vez de los movimientos del caballo, logramos que comenzara a vernos como el jefe. El Día Dos nos dio la habilidad de posicionar al caballo y mantenerlo cerca de nosotros (¿recuerdas cómo hiciste que te mirara con sus dos ojos?). Nuestro tercer día comenzó acondicionando al caballo para pausar y pensar, para quedarse en el lugar cuando sucede algo que lo asusta, en vez de salir disparado. Finalmente, en el segmento de ayer acostumbramos al caballo a que lo toquen. Cada segmento tiene un rédito para la tarea de hoy. Puntualmente: ¿cómo harías para comenzar a levantar las patas de tu caballo si no sabes cómo pedirle que se quede quieto?

Antes de abordar el tema de hoy debes estar absolutamente seguro de que tu caballo está completamente desensibilizado a tu contacto. Si tu vocecita interior te dice que existe cualquier posibilidad de que tu caballo vaya a reaccionar negativamente (estremeciéndose, quedándose paralizado, moviéndose repentinamente, intentando patear, etc.) cuando lo tocas, especialmente cuando estás trabajando cerca de esas patas traseras, entonces… aún no estás listo. Por otro lado, si esa vocecita te dice "está todo listo", entonces esta jornada debería ser muy fácil.

Puedes enseñarle lo que sigue a tu caballo muy sencillamente sin un corral redondo, pero el corral redondo ofrece dos ventajas importantes: 1) no necesitas hacer malabarismos sosteniendo una cuerda en tu mano, y 2) si el caballo necesita un poco de motivación adicional para cooperar, puedes enviarlo a dar un par de vueltas alrededor del corral.

Cuanto mejor podamos controlar el posterior del caballo, más fácil es controlar su anterior. Por eso, comenzaremos con las patas traseras. Parado a la izquierda del caballo, le pedirás que aleje su posterior (quizás tengas que hacer que traiga su nariz hacia su cadera). Pídele que haga un paso o dos y cuando se detenga, mira la pata trasera más cercana a ti (la que quieres levantar). ¿Tiene su peso apoyado en ella? Queremos seguir pidiéndole que se mueva, luego que haga una pausa, luego pedirle que se mueva, hasta que, de casualidad, se quede parado con la pata trasera más próxima un poco levantada. Has visto esta postura millones de veces. Se paran ahí con su peso apoyado en tres patas, la cuarta en descanso, con el talón ligeramente levantado.

Si se detiene con la pata un poco levantada, permítele quedarse ahí parado y acarícialo. Si no, de inmediato ponlo en movimiento. Hazlo de manera relajada, este no es momento de estar tenso. Este paso inicial puede tomar 10, 20, 30 o aún más intentos hasta que el caballo dé con la respuesta buscada (y podrías llegar a pensar, entre tanto, que será imposible). Pero una vez que entienda el patrón, rápidamente aprenderá y comenzará a sacar el peso de esa pata siempre que se lo pidas. Si vuelve a apoyarse sobre esa pata, simplemente haz que se mueva otra vez hasta que mantenga esa pata ligeramente levantada, con el talón en el aire.

Comienza a acariciarle la cabeza, avanzando gradualmente hacia la grupa. Cuando hayas llegado hasta la pata trasera, coloca tu mano detrás de la parte inferior de la pata y fíjate si no puedes "sugerirle" que la levante unos tres a cinco centímetros del suelo. Deja que la baje por su propia cuenta, y regresa hacia la cabeza acariciándolo. Repite este procedimiento, pidiéndole gradualmente más, moviendo y reposicionando al caballo cada vez que vuelve a apoyar toda la pata en el suelo. Intenta soltar la pata un poco antes de que te parezca que está por quitártela. Convéncelo de que darte la pata no es algo que durará para siempre.

Cuando sueltas la pata del caballo, debes hacer justamente eso: soltarla. Si la pata se cae un par de veces, el caballo rápidamente aprenderá a sostenerla él mismo en el aire en vez de desarrollar el hábito molesto de apoyar más y más peso sobre ti. Una de las principales causas de que se apoye en nosotros es que estamos demasiado preocupados por el equilibrio del caballo. Créeme, él no quiere caerse y es perfectamente capaz de mantenerse parado sobre tres patas. Si el caballo sabe que efectivamente soltarás su pata en cualquier momento, tendrá cuidado de no poner ningún peso sobre esa pata.

Para enseñarle a tu caballo a levantar su pata delantera izquierda, comienza enseñándole una señal para que transfiera su peso a la pata delantera derecha. Párate de su lado izquierdo y presiona su hombro, pidiéndole que traslade su peso hacia afuera (liberando por completo el peso sobre su casco izquierdo). Al principio, es probable que reaccione simplemente apoyándose contra tu presión. Cuando suceda esto, si sucede, baja su nariz hasta su pecho (un poco hacia la izquierda), y luego pídele que aleje sus hombros, hacia la derecha. Esfuérzate para que aprenda esa señal, presionando, y luego haciendo que los hombros se muevan unos pasos cada vez que ignore tu pedido. Si tienes dificultad para hacer que sus hombros se muevan, pídele que aleje las patas traseras al traer su cabeza hacia la cadera de ese mismo lado (la cabeza a la izquierda, las caderas a la derecha en este caso), y luego pídele que aleje los hombros. El movimiento de las caderas energiza al caballo y hace que cambie su postura, redistribuyendo su peso. También le enseña que cuando se le da la señal de moverse, "no moverse" no es una opción.

Repite el proceso que usaste para levantar las patas traseras, pidiéndole que transfiera TODO el peso a la pata delantera opuesta, haciendo que se mueva cada vez que transfiera el peso incorrectamente. Acaricia su cabeza, avanzando hasta la pata y luego regresa a la cabeza o hasta los hombros. En poco tiempo podrás (al levantar el casco) levantar la pata del caballo. Ten cuidado de soltarla antes de que intente quitártela. Lo último que quieres es entrar en una guerra de tire y afloje. No tardará mucho tiempo hasta que tu lenguaje corporal, el inclinarte desde la cintura y presionar contra sus hombros, se convierta en la señal para que el caballo levante la pata. Como siempre, necesitarás repetir esta secuencia del lado opuesto del caballo.

Notarás que los herreros hacen que el caballo coloque sus patas en posiciones que deben parecer realmente extrañas para un caballo joven. Los jinetes levantamos la pata, limpiamos y listo. Los herreros sostienen la pata por períodos más largos de tiempo, la doblan en posiciones más exageradas —y hacen más ruido que cincuenta baldes de lata cayéndose por una escalera de metal—. Practica con tu caballo, con paciencia y repetición, y prepáralo para su primer herrado. Sostén la pata por períodos cada vez más largos, en "ángulos más raros". Levanta la pata entre tus piernas como lo hace el herrero. Golpea suavemente el casco con una piedra, sacude ruidosamente algún balde de alimento, y quizás puedes agregar algún "ay, qué dolor de espalda" para lograr más realismo.

A continuación, enseñarle a tu caballo a levantar sus patas simplemente al señalar con el dedo es más que un truco bonito. Recuerda cómo el caballo aprende a apoyarse en nosotros: levantamos la pata, ofreciéndole 1, 2, o 4 kilos de apoyo y el caballo rápidamente aprende a apoyarse con 2, 3 o 5 kilos. Cuando esperas menos, recibes menos. Nunca estarás en esta situación si haces que el caballo levante y sostenga su propia pata.

Toma un látigo de adiestramiento, haz ruido de beso (para decirle "mueve algo") y dale un toquecito en la parte interior de la pata delantera cerca de la "articulación de la rodilla" hasta que el caballo doble la pata cambiando su punto de apoyo. Acarícialo y repite el proceso. Cada vez que avanza en su comprensión, pídele que "levante" un poco más. Si se detiene a cierta altura, no dejes de darle toquecitos, sigue hasta que la pata suba más alto. Podrías probar pasar tu cuerda alrededor de la parte más baja de su pata, dejándola bien suelta (para que el caballo no se caiga si empieza a caminar). Aplica un poco de presión a esta cuerda, sugiriendo que levante la pata mientras haces ruido de beso y das un golpecito. Muchas veces esto ayuda a acelerar el proceso. También, cuando golpeas, extiende el brazo y el látigo de adiestramiento como si estuvieras señalando. Cuando el caballo logra levantar consistentemente la pata con el golpecito, deja caer el látigo pero sigue extendiendo el brazo como si aún lo tuvieras en la mano. Haz ruido de beso y mueve el brazo como si estuvieras dando un golpecito. Por supuesto, las primeras veces tendrás que volver a usar el látigo para respaldar tu pedido, pero es ahí donde puede ser útil un tironcito de la cuerda. Al principio ten cuidado de observar cualquier ligera mejoría, quizás sea simplemente que cambia el apoyo de su peso o flexiona un poco la rodilla. Premia cada avance y tu caballo pronto estará levantando la pata cuando hagas ruido de beso y señales con el dedo.

Usarás el mismo sistema dando toda la vuelta alrededor del caballo, enseñándole el concepto para las cuatro patas. Fíjate que si comienzas con la pata delantera izquierda, y luego pasas a la delantera derecha, podrás encontrarte con la sorpresa de que tu señal de hacer ruido de beso y apuntar con el dedo no significa "levanta la pata que estoy señalando". Para el caballo, significará "levanta la pata delantera izquierda". Simplemente no hacen la transferencia en su cerebro como esperamos o quisiéramos. Necesitarás entrenar cada pata individualmente. Y puede llegar a volverse gracioso a medida que vas dando la vuelta. Tu caballo típicamente regresará a lo que sea que le dio un alivio la última vez que le hiciste un pedido similar. Entonces, cuando comienzas con la cuarta pata, él bien podría levantar cada una de las tres anteriores antes de levantar la cuarta. Parecerá que está bailando y de hecho, si quisieras justamente llevar el ejercicio en esa dirección y enseñarle a tu caballo a "bailar", es así como lo harías. Señala una pata y luego otra en sucesión rápida.

Cuando tu caballo comprende "levanta esa pata cuando la señalo con el dedo", aléjate unos pasos y enséñale a hacerlo desde allí. Haz ruido de beso y señala con el dedo desde medio metro de distancia, luego desde un metro, y así sucesivamente. En poco tiempo podrás estar a diez metros de cualquiera de las "cuatro esquinas de tu caballo" y hacer que levante esa pata al pedírselo. No está nada mal para un caballo que hace pocos días no te dejaba que lo toques, ¿no?

Fin del Día Cinco

Sección II:
Más allá del corral redondo

Más entrenamiento para este momento en la vida de tu potrillo.

Entrenamiento básico en tierra

Cómo atrapar al caballo que no quiere que lo atrapen.

El corral redondo es el mejor lugar para enseñarle a un caballo a quedarse quieto o a que "venga hacia ti". Pero ¿qué haces si no puedes atraparlo en primer lugar? Aquí tengo algunos consejos.

Si tu caballo está en un espacio abierto y no le gusta la idea de que lo atrapen, vas a necesitar un poco de paciencia, muchos intentos y varios errores: te acercas desde un punto y él sale corriendo en línea recta; te acercas desde otro punto y él gira y luego sale corriendo. Tu tarea es encontrar ese punto ideal donde se queda parado, quieto. Intenta acercarte desde el frente, caminando hacia su hombro, ligeramente a un costado. Si el caballo estuviera parado sobre un reloj gigante mirando hacia las doce, tú te acercarías a su hombro desde un punto entre las diez y las dos. Son números aproximados; solamente a través de la experimentación encontrarás exactamente el lugar donde debes posicionarte.

Si te acercas caminando y el caballo se aleja corriendo, en esta instancia el único control que tienes es sobre la "velocidad" con la que se aleja. Así que si gira para alejarse, ahuyéntalo para que se vaya más rápido, haz que realmente se apure. Recuerda este principio básico del entrenamiento de caballos: no puedes hacer que un caballo se quede parado y el caballo no puede elegir quedarse parado. Aprovecha la parte de que "el caballo no puede elegir quedarse parado". Si quiere salir corriendo, entonces haz que se mantenga en movimiento hasta que se dé cuenta de que quedarse parado mirándote es muchísimo más fácil que hacer ejercicio. (Una aclaración: si esto lo haces en un corral lo suficientemente grande como para que pueda salir corriendo y relajarse antes de que lo alcances, terminarás en realidad enseñándole a escaparse. Llévalo hacia un corral más pequeño para tener mayor ventaja). Ahuyéntalo enérgicamente, para que se mueva a un paso más ligero que el que eligió. Mantén una presión continua, moviendo los brazos y caminando, gritando, etc. Mantén la mirada fija en él para que sepa que es en serio. No permitas que aminore la marcha ni por un instante. Olvídate por un rato de atraparlo. Si hay más de un caballo en el corral, concéntrate en el que estás tratando de atrapar. Los caballos son muy hábiles para entender que "te diriges a ellos" si te mantienes enfocado (léase: mantén la vista en un solo caballo, ignora a los demás). Permítele quedarse parado únicamente cuando esté de frente a ti y haz una pausa cada vez que lo hace para decirle "así es, exacto". Después de un momento, relaja tu postura por completo y luego acércate una vez más, probando para ver si ya ha decidido quedarse en su lugar.

Una vez que has atrapado a tu caballo, llévalo al corral redondo y trabaja sobre el material del Día Uno y Día Dos. Después de esto, si mantienes una política de tolerancia cero ante cualquier infracción, tu caballo girará y se pondrá frente a ti cada vez que te acerques. Si quieres que tu caballo se quede quieto para agarrarlo, enséñale a girar hacia ti como se ha explicado en los capítulos anteriores; pero aquí y ahora debes comprometerte a que, una vez que se lo hayas enseñado, reaccionarás ante cualquier infracción llevando a ese caballo al corral redondo para que reciba más entrenamiento. Lo harás sin importar la nimiedad de la infracción, ni la hora del día ni el clima, porque tu caballo te acaba de demostrar o bien que ya no presta la misma atención a tus señales (y las cosas irán de mal en peor), o bien que para empezar nunca aprendió completamente la lección. Recuerda, solo porque tú te hayas cansado de enseñarle algo, no significa que el caballo lo haya aprendido.

Colocar el cabestro... cuando ni siquiera puedes tocar la cabeza del caballo.

Aquí abordamos específicamente cómo corregir la sensibilidad en la zona de la cabeza y cómo entrenar a un caballo joven para que acepte el cabestro; pero el tema "Dame tu cabeza, relájate" puede aplicarse a muchos problemas similares.

¿Tu caballo es sensible en la zona de la cabeza? ¿Se arrebata cuando le tocas las orejas o el mentón o cuando bloqueas su visión? Entonces corrígelo de esta manera: si, por ejemplo, no puedes tocarle las orejas, frota aquello más cercano que puedas tocar. Quizás sea su frente, quizás su cruz, o quizás sea un poste a tres metros de distancia. No importa, encuentra un punto de partida con el que él se sienta cómodo. Frota, frota, frota, acercándote de a poco a las orejas, avanzando y retrocediendo con tus movimientos. Una y otra vez, y otra vez. Quieres un caballo aburrido. Cuando creas que lo puedes lograr, pasa tu mano rápidamente por encima de sus orejas, tocando apenas las puntas, y retira la mano antes que el caballo pueda reaccionar. ¡Ajá! Acabas de tocarle las orejas. Ahora es simplemente cuestión de repetir este proceso, moviendo más lentamente las manos cuando sea posible y práctico. Te garantizo que si eres más terco que tu caballo corregirás fácilmente este asunto.

Si estás diciendo "Sí, pero es muy sensible en sus orejas; quita la cabeza de un tirón al instante si intento tocarlas", entonces considera esto: si puedes levantar tu mano por encima de sus orejas, aunque sea por una décima de segundo, aunque sea a cierta distancia, entonces de hecho tienes un punto de partida. Nunca comenzamos con nuestra meta, ¿verdad? Comienza donde puedas (no importa si estás a quince centímetros o a quince metros de distancia), agitando la mano por encima de su cabeza, acercándote cada vez más, avanzando y retrocediendo, hasta que puedas rozar los pelitos en las puntas de sus orejas, luego sus orejas enteras, una y otra y otra vez, haciendo más lentos tus movimientos a medida que se empieza a aburrir. Si mueve la cabeza para alejarla, continúa moviendo la mano, acercándola gradualmente una vez más.

Solo hay una manera de arruinarlo y es si te detienes cuando el caballo se aleja en vez de seguir repitiendo hasta que se quede quieto. Solo debes dejar de frotar cuando el caballo se queda parado quieto. Si él se mueve, tú te mueves con él. Recuerda, si quitas la presión cuando el caballo se mueve, lo "sensibilizas" (es decir, haces que esté más dispuesto a moverse); lo "desensibilizas" (haces que algo no lo inquiete) si quitas tu presión cuando el caballo deja de hacer algo.

Sigue presionando. Busca aquellos lugares donde no quiere que lo toquen. Si yo te diera 20 dólares por cada zona de resistencia, ¿podrías encontrar alguna? La resistencia se exhibe mediante músculos tiesos, cuatro patas que parecen estar "plantadas" y por supuesto los "tirones de cabeza" (si el caballo parece estar tieso o clavado en el lugar, retrocede repetidamente para atraerlo hacia ti y cambiar su postura). Sigue con esta maniobra, no importa el tiempo que lleve

–acariciando, haciendo una pausa, repitiendo– hasta que el caballo esté completamente aburrido. Antes de seguir adelante busca las señales clásicas de un caballo que ha decidido colaborar contigo o que al menos ya no está preocupado: puede lamerse los labios con la lengua, dejar caer su cabeza, tener una mirada perezosa, suspirar, reposar una pata, etc.

Enséñale al caballo a bajar la cabeza hasta un punto que te resulte cómodo para ponerle el cabestro. Para lograrlo, simplemente apoya la palma de tu mano entre sus orejas y presiona un poco. Espera hasta que baje la cabeza o hasta que sientas que relaja el cuello, por poco que sea, y quita la mano. Repite esta secuencia hasta que la cabeza llegue a una altura cómoda. Presta atención a esto: si levanta la cabeza, mantén allí la mano hasta que la baje, aunque sea un poco, desde esa NUEVA altura MÁS ALTA. Si baja demasiado la cabeza, vuelve a poner tu palma presionando hasta que levante la cabeza a la altura correcta. Aplica la misma presión ya sea que la cabeza esté demasiado alta o demasiado baja. Esto puede parecer contrario al sentido común, pero tu mano no dice "baja tu cabeza". La presión de la mano le dice al caballo "averigua qué es lo que quiero o seguiré molestándote". Él sabrá dónde quieres que mantenga la cabeza simplemente por el hecho de que quitas tu mano cuando la altura es correcta. El entrenamiento del caballo siempre funciona sobre este mismo principio: si siempre, siempre, siempre quitas la presión cuando tu caballo actúa (o incluso adivina) correctamente, tu caballo seguirá intentando (moviendo su cabeza hacia arriba o hacia abajo en este caso) hasta que quites la presión. Con práctica, él sencillamente pondrá la cabeza a la altura correcta cuando te acerques con el cabestro. (Cuando estés montando, puedes lograr que baje la cabeza de esta misma manera presionando de forma constante con una sola rienda hasta que la cabeza esté en el lugar correcto).

No te muevas sigilosamente alrededor de tu caballo cual gato acechando un ratón. Recuerda que estás tratando con un animal de presa; lo pondrá nervioso que estés rondando en puntas de pie. Sé directo y "profesional" (o "divertido").

Finalmente, seguirás repitiendo esta desensibilización, pero en vez de usar las manos lo harás con el cabestro, frotándolo contra el caballo como una esponja a la hora del baño. Asegúrate de pasarlo repetidamente y con cuidado por debajo del caballo y hacia el lado opuesto –que se "acostumbre" a la idea de que a veces las cosas pueden acercarse del lado derecho aunque tú estés parado a su izquierda–).

Haz que este proceso sea sencillo para tu caballo y no fuerces las cosas. Si el cabestro en sí mismo provoca un revuelo, reduce su tamaño doblándolo por la mitad. (Luego, cuando estés listo para trabajar con el cabestro en su tamaño total, asegúrate de desdoblarlo mientras te acercas al caballo para que pueda ver la transformación –no querrás estar sosteniéndolo encima de su cabeza cuando lo despliegas y que de repente su tamaño se duplique–). Prueba desengancharlo de la correa y usar solamente la soga, frotando al caballo con la cuerda o usándola para hacer una especie de cabestro "falso", enlazándola alrededor de su nariz, su mentón y sus orejas. Que el caballo se mantenga relajado. Si las cosas se alteran, retírate y busca algo "menos atemorizante", divide tu tarea en más cantidad de pasos. Si el caballo está bien cuando el cabestro está a medio metro de distancia, pero se intimida cuando está a quince centímetros, trabaja a una distancia de medio metro, después a 25 centímetros, a 20. Cuando lo has desensibilizado hasta el aburrimiento, cuando se mantiene relajado con la cabeza baja mientras te mueves a su alrededor, entonces no deberías tener ningún problema para ponerle el cabestro como a cualquier otro caballo.

Entrenamiento para conducir al caballo a pie

Un caballo que se deja conducir a pie también demuestra respeto por tu posición como líder; encontrarás que tiene efectos positivos no sólo en tierra —sino también cuando estés montado—.

Entrenar a tu caballo para que permita que lo conduzcas a pie —con tiempo y en circunstancias controladas— no es difícil, para nada. Aún así, es algo que tendemos a dejar para otro momento (como enseñarles a viajar en tráiler) y seguimos relativamente inconscientes de los problemas que podríamos tener hasta que de repente se hace necesario llevar al caballo desde el punto A al punto B. Como cuando el veterinario llega para atender un hombro desgarrado y estaciona su camioneta muy lejos del establo. Vas a ponerle el cabestro a tu caballo, pero se resiste y no quiere moverse y te acuerdas de que hoy es miércoles y habías planeado que el jueves le enseñarías a ser conducido a pie (en tal caso apremiante, ver el siguiente capítulo). No te encuentres en semejante situación por dejarlo para otro día. Te diré cómo entrenar a tu caballo hoy mismo.

Precaución: si estás trabajando con un potrillo, debes saber que su cuello (y sus patas y su cerebro) no madurarán hasta dentro de algunos años. Nunca, nunca tires o jales del cuello de un potrillo en ninguna dirección. Podrías causarle daño permanente —o hasta matarlo—. Esto significa que no amarras a un potrillo al que no se le ha enseñado específicamente a estar amarrado —y desde luego significa que mantienes la calma y evitas cualquier impulso por forzar al jovencito en caso de que se resista—.

Equipa a tu caballo con un cabestro y una cuerda y comienza tu entrenamiento, ya sea en un corral redondo o a lo largo de un cerco. Posiciona a tu caballo paralelo al cerco y gira para quedar frente a él. Párate al lado del hombro del caballo, su cabeza a tu izquierda. Toma la cuerda en tu mano izquierda, cerca del gancho que la une al cabestro. Levanta el extremo final de la cuerda con la mano derecha y enfócate en la cadera izquierda del caballo. Fija la vista sobre esa cadera, concentrándote en que dé un paso al frente. Más adelante, tu lenguaje corporal será suficiente para hacer que el caballo avance –pero, por supuesto, ahora simplemente se quedará parado allí–. Mueve el extremo de la cuerda en tu mano derecha, en forma circular y hacia la cadera del caballo, sugiriéndole que avance. Si se queda quieto, tócalo suavemente en la grupa con la cuerda, para que avance. Después de un paso o dos, aplica una ligera presión en la cuerda (con tu mano izquierda) pidiéndole que se detenga, señalándole que "hacia adelante" es lo único que buscabas. Acarícialo un momento y relájate. Repite el proceso hasta lograr que el caballo avance siempre que fijes tu mirada y levantes el brazo derecho.

Cuando logras que el caballo camine voluntariamente hacia adelante cuando estás frente a él y señalas hacia su cadera, gira para caminar a su lado –pero pídele que camine un par de pasos por delante de ti, o incluso más–. Encontrarás que es más sencillo impulsarlo hacia adelante desde esta posición si comienza a detenerse (y muchas veces se mantienen un poco más calmados). Si estás en un corral redondo comienza por empujar al caballo unos tres metros delante de ti o más mientras ambos caminan en un círculo. Camina detrás de él, ligeramente hacia el interior del corral, y al mismo ritmo. A medida que el caballo se sienta más cómodo con tu posición detrás de él, acércate gradualmente hasta llegar a una posición más tradicional. Envíalo nuevamente delante de ti cada vez que se confunda o no mantenga un ritmo razonable.

Enséñale a que debe moverse siempre que tú te muevas y a ceder ante la presión: si tienes una cuerda amarrada al caballo y estás parado cerca de él cuando se detiene o se retrasa, aplica presión sobre la cuerda (tirando hacia adelante) y mantenla hasta que el caballo dé un paso al frente –luego quita la presión de inmediato–. Repite esta mini-lección hasta que el caballo asocie mover las patas con la presión que le aplicas (tendrás muchas oportunidades para practicarlo; yo considero un "retraso" cada vez que siento que la cuerda se pone tensa). Si estás a cierta distancia cuando se resiste, haz ruido de beso y/o mueve tu lazo o látigo de trabajo hacia su posterior. Trabaja para mantener tus pies y las patas de tu caballo moviéndose lo más fluidamente posible, intentando que tus correcciones fluyan.

En ningún momento debes tratar de arrastrar a tu caballo hacia adelante con la cuerda; las caderas son su fuerza motriz y es hacia allí donde siempre debes girar cuando le pides un movimiento hacia adelante. Si a menudo sientes que el caballo se retrasa mucho, quizás estés exigiéndole demasiado muy pronto. Si es así, solo necesitas tomarte más tiempo frente al caballo señalándole su cadera con tu brazo derecho levantado; que se "acostumbre" a moverse contigo y cuando se lo pides. Si el caballo se resiste particularmente a moverse, pídele que trote por unos instantes para infundirle energía y recalcar tu intención. Simula que estás trabajándolo a la cuerda, pero con una cuerda muy corta.

Cuando logras que tu caballo camine a tu lado sin problemas, busca una oportunidad para caminar un poco más rápido y luego gira hacia su hombro, caminando hacia su cabeza y cuello, de hecho cortándole el paso, y pídele que gire hacia el cerco. Si se resiste y te bloquea el paso, mueve las manos con firmeza para que se aleje (si este caballo ha sido entrenado en el corral redondo, conoce el giro hacia afuera –y esto es simplemente eso, un giro hacia afuera desde cerca–). Utiliza tu lenguaje corporal para guiarlo en un giro de 180 grados, hacia el cerco y de vuelta en la dirección opuesta. Quizás notes que acepta más rápidamente el concepto si al principio no le pides un giro completo, sino que le pides que dé un paso hacia el cerco antes de volver a retomar el camino original hacia adelante (como si cambiaras de idea sobre hacer el giro). Practica estos giros hacia afuera hasta que salgan fácil y fluidamente. Un consejo: si te da trabajo lograr que el caballo gire cuando tú estás muy cerca, aléjate unos tres metros, más o menos, y haz que tu caballo se aleje como haciendo un giro hacia afuera, logrando acercarte de a poco (ver el capítulo "Día Uno" para obtener más instrucciones).

Puedes luego enseñarle a quedarse junto a tu hombro derecho mientras que giras a tu izquierda (como si tú y el caballo caminaran en sentido contrario a las agujas del reloj alrededor del establo), y puedes construir sobre esto hasta que el caballo se mantenga a tu lado incluso cuando realizas un giro muy cerrado (como si caminaras alrededor de un poste telefónico). Comienza simplemente caminando en un círculo a mano izquierda alrededor del perímetro del corral redondo. Gradualmente, empieza a hacer los círculos cada vez más y más pequeños, alejándote del cerco y caminando hacia el centro del corral (como en una espiral decreciente). Aplica presión sobre la cuerda solo si es necesario sugerirle al caballo un cambio de dirección. Si el caballo se aleja (a su derecha cuando estás caminando a mano izquierda), entonces gira para quedar frente a él, permanece a su izquierda, y pídele que aleje sus caderas (caminando hacia ellas). Una vez que logras que esas caderas se muevan, vuelve a girar a tu izquierda y continúa caminando en espiral. Es posible que tengas que volver atrás en tu entrenamiento y realizar más trabajo simplemente caminando en círculos a mano derecha, donde te encuentras en una mejor posición para darle al caballo la idea de que debe caminar a tu lado. Practica muchas paradas y arranques para reforzar el mensaje "quédate conmigo".

A medida que el caballo comienza a comprender que quieres que se mantenga cerca mientras caminas en círculo a tu izquierda, empieza gradualmente a hacer que tus giros sean más cerrados, hasta llegar al punto donde puedas sencillamente detenerte y girar, y el caballo rápidamente mueva sus caderas (en un arco amplio), imitando tus movimientos. Visualízalo de esta manera: si tu cuerpo fuera el centro de un reloj, y tú giraras abruptamente a tu izquierda (el caballo a tu derecha), el hombro izquierdo de tu caballo debería mantenerse cerca de tu hombro derecho mientras que sus patas traseras/caderas giran alrededor como las manivelas de un reloj moviéndose en sentido antihorario. Si el caballo arrastra la cadera y se mueve con despreocupación, gira (apenas un poco) a tu izquierda y usa tu mano izquierda para darle un golpecito en la grupa con el extremo de la cuerda, para indicarle "deja de holgazanear". Alternativamente, puedes girar para quedar de frente a tu caballo y caminar con determinación hacia sus caderas, logrando que se alejen de ti a buen ritmo (hacia la derecha de tu caballo, en este ejemplo); luego giras abruptamente sobre tus pies, hacia tu izquierda. Rápidamente vuelve a tu "posición de conducción", continúa girando, y espera que el caballo siga moviéndose contigo.

Observa que toda la práctica que estás realizando aquí (enseñándole al caballo a detenerse y a arrancar cuando le das la señal, así como a seguirte a la izquierda, derecha, adelante y atrás) funcionará de manera coordinada para enseñarle al caballo: "quédate a mi lado, sin importar en qué dirección voy". Entonces, por ejemplo, si resulta un desafío que tu caballo se mueva en el sentido contrario a las agujas del reloj, dedica tiempo adicional a moverse en sentido horario, retrocediendo, deteniéndose y arrancando. Luego, vuelve al punto débil en el entrenamiento del caballo y verás que es mucho más fácil enseñarle.

Para enseñarle al caballo a retroceder, intenta alguno de estos dos métodos: A) camina a lo largo del cerco y practica varios giros hacia afuera. Tres o cuatro veces seguidas girarás y caminarás hacia el cuello del caballo, pidiéndole que se aleje hacia el cerco, como antes. Ponle un poco de energía, y la quinta vez gira más hacia el pecho del caballo y con tu movimiento señálale "hacia atrás", aplicando simultáneamente una presión en la cuerda ligeramente hacia atrás. Si se detiene, haz inmediatamente que se mueva hacia adelante y vuelve a intentarlo. B) aléjate del cerco y, aplicando presión sobre la cuerda, pídele al caballo que lleve su nariz hacia su grupa (hacia su cadera del lado "interno" en este caso), obligando a sus caderas a alejarse (de hecho, estará girando sobre su hombro delantero). Antes de que sus caderas se detengan, aplica un poco de presión sobre la cuerda y fíjate si logras desviar su energía hacia atrás. Si se detiene, rápidamente haz que comience a moverse en cualquier dirección, luego pídele que mueva esas caderas hacia un lado, e intenta nuevamente que retroceda. Si te esfuerzas por lograrlo en el momento justo e insistes, lo lograrás, aunque sea por accidente. Una vez que capta la idea, es sencillo enseñarle a retroceder con tu lenguaje corporal.

A continuación, practica caminar a lo largo de la línea del cerco, como antes, pero esta vez acelera el paso y pídele al caballo que comience a trotar. Trabaja para que tu caballo llegue al punto donde inmediatamente acelerará o disminuirá la velocidad para coincidir con tus pasos. Diviértete con esto y practica muchas paradas y arranques, además de cambios abruptos de dirección y de velocidad (pronto descubrirás que cuando simplemente te inclinas hacia adelante, el caballo lo hará también). Siempre que se adelante a tu posición (que probablemente suceda si está excitado), gira hacia adentro, vuelve en círculo hacia el cerco e inténtalo de nuevo.

Realmente dedícale el tiempo necesario para enseñarle este ejercicio a un paso más rápido. La precisión del movimiento de tu caballo mejorará de forma extraordinaria.

Progresivamente aléjate del cerco, tu "muleta", y perfecciona cada paso en un espacio abierto, como te he explicado. Típicamente, deberías poder lograr que el caballo esté bien entrenado para ser conducido a pie en aproximadamente dos sesiones de cuarenta minutos cada una.

Cómo conducir a pie al caballo terco

Aprende una solución rápida para que tu caballo vuelva a ponerse en movimiento si se queda estático mientras lo estás conduciendo a pie —apuntando a lograr cambios duraderos—.

¿Cuántas veces has comenzado a conducir a pie a tu caballo hacia una puerta y se paraliza a pocos pasos de llegar? O quizás se resiste cuando lo estás conduciendo, plantando sus patas delanteras y rehusándose a dar un paso más. ¿Aún lo hace? ¡Qué problema! Recuerda que "montas al caballo que conduces a pie", así que en situaciones como estas la terquedad y la mala actitud sugieren que tienes problemas mayores de lo que crees. Arreglemos estos temas; pero también comencemos a reconocer lo que realmente son: señales de advertencia.

Si tu caballo no camina contigo fluidamente y de buena gana, si tira de esa cuerda o te empuja con su nariz, él –dicho simplemente– no está entrenado. Necesitas ocuparte de él de inmediato (esto es válido tanto para el caballo joven como el adulto, con o sin experiencia). Si estás conduciendo a tu caballo hacia la pista, el campo, o donde sea que montes, y tu caballo se resiste –y tú no te ocupas del tema– entonces no solo habrás desperdiciado una oportunidad para mejorar tu relación con tu caballo, sino que habrás ignorado un potencial peligro. Tu caballo acaba de decirte "te acompañaré solo hasta cierto punto". Peor aún, te ha dicho que está listo para rebelarse a fin de lograr lo que quiere. No hace falta ser un genio para ver que estas rebeldías (ya sean en la mente del caballo o manifestadas en el mundo real) pueden llevar a importantes gastos médicos.

Ahora bien, no me malinterpretes, parte de ser dueño de un caballo es tener que lidiar con que se resista por una variedad de razones, y es de esperarse. Algunos ejemplos: dejar pastar a un caballo, por cualquier cantidad de tiempo, va a empeorar sus modales; los caballos jóvenes te pondrán a prueba una y otra vez en situaciones nuevas y desconocidas (un circuito o una pista nueva, la primera presentación, etc.); en las escuelas los caballos experimentados pondrán a prueba a los jinetes novatos, etc. Hasta el caballo de exhibición mejor entrenado, del jinete más consumado, alguna vez intentará poner a prueba los límites. Es natural, de la misma manera que conducimos nuestros vehículos a 65 km/h en zonas con límites de 60 km/h (hasta que vemos al oficial de policía con el velocímetro, por supuesto). Los caballos –como los adolescentes– te pondrán a prueba todos los días. Lo que importa no es que lo hagan; lo que importa es cómo manejas la situación y con qué constancia lo haces.

Ya sea que un caballo se comporte mal de manera crónica, o solamente lo hace cuando está teniendo un mal día, las infracciones deben corregirse de inmediato y con atención (si no les das el tratamiento correcto, terminas recompensando el comportamiento). Luego se repite, se practica, y finalmente se hace un hábito. Esto no significa que debemos volvernos locos y pegarle al caballo o de alguna manera asustarlo hasta el infarto cuando hace alguna locura, porque crear un problema de algo así ahora, solo hará que sea más difícil para ambos más adelante. Es así como sucede: el caballo mira la puerta y se imagina que va a ocurrir algo malo si él pasa por allí. Se resiste. Tú pierdes la calma y lo persigues gritándole y moviendo los brazos durante veinte minutos. El caballo entonces comprueba que "Tenía razón. Suceden cosas malas en esa puerta". Tu grano de arena se acaba de convertir en una montaña. En vez de esto, manejamos los problemas de inmediato; somos constantes y mantenemos la calma.

Primero, una advertencia: no importa la situación, no te pares delante de tu caballo (el caballo que no quiere moverse) de tal manera que pueda empujarte (o pasarte por encima), si se sobresalta y se abalanza hacia adelante. Quédate a un costado, a la altura del hombro del caballo. También sé consciente de distribuir tu peso para poder saltar a un lado si viene inesperadamente hacia ti. Cuando trabajo cerca de un caballo en el que no confío, mantengo una mano sobre él (contra su hombro, por ejemplo), no para detenerlo sino porque le dará un preaviso a mi cerebro: "El caballo se ha movido. Cuidado".

Si eres dueño de un caballo que ha demostrado ser un mocoso a la hora de ser conducido a pie –o si estás trabajando con un caballo joven–, cuando estén caminando juntos debes comenzar a imaginar que eres una bola en movimiento continuo, como si estuvieras en una máquina de pinball (o flíper). Es decir que debes sentir el desafío de seguir "rodando" fluidamente, no importa con qué obstáculo te encuentres: de la misma manera en que la bola del flíper no se queda paralizada o detenida cuando choca contra algo (abruptamente cambia su curso y sigue rodando), debes concentrarte en mantener un movimiento continuo. Mantener las patas del caballo en movimiento (y sin dolor) le enseña a respetarte como líder y traerá beneficios más adelante al montar, en exhibiciones o simplemente cuando lo estés aseando. Si tu caballo se resiste, haz que se ponga otra vez en movimiento, fluidamente y de inmediato. Eso significa cualquier pata, en cualquier dirección. Entonces, si he descripto tu situación (un caballo terco o uno joven que está aprendiendo a ser conducido a pie), haz lo siguiente: conduce a tu caballo desde el Punto A hasta el Punto B y, antes de dar el primer paso, repite en tu mente que ambos se mantendrán en movimiento continuo (utilizando los métodos sencillos que describiré a continuación) hasta el momento en que le quites el cabestro. Ese sencillo ejercicio será suficiente para identificar dónde están las brechas en el adiestramiento de tu caballo o en tus métodos.

¿Cómo logras que el caballo avance si se rehúsa a dar otro paso? Haciendo que mueva su posterior. Ese es su motor; utilízalo para lograr el movimiento y salir del punto muerto. Olvídate de tratar de arrastrarlo hacia adelante, solo harás que se resista aún más. En vez de eso, pídele que mueva sus patas posteriores hacia un costado (alejándolas): trae su cabeza ligeramente a un lado, aplicando presión en la cuerda (no quieres que cobre fuerza y resistencia al alinear su estructura ósea). Chasquea la lengua. Si eso no pone sus patas en movimiento, intenta agitar tu brazo hacia su posterior. Si eso no funciona, toma el extremo de la cuerda y hazla girar en el aire (lejos del caballo para no sobresaltarlo y que se venga encima de ti, si es un caballo muy nervioso). Hazla girar cada vez más cerca y si aún no pasa nada, golpéalo en la grupa. ¿Notaste que no dije "comienza golpeándolo en la grupa"? Testea siempre el terreno por dos razones: 1) quieres que el caballo se movilice con el menor esfuerzo, es decir, cuando chasqueas la lengua; no querrás tener que golpearlo cada vez; y 2) frente a un "golpe que aparece de la nada" el caballo podría reaccionar tirándote al suelo. Comienza con poco. Siempre puedes incrementar la presión.

Una nota especial: ¿Has notado que no he recomendado "forzar al caballo a retroceder con tirones en la cuerda"? Es porque lo único que esto logra es enseñarle al caballo a subir su cabeza, estirar las patas delanteras, arquear el lomo y retroceder sin ninguna agilidad, todavía asustado.

Entonces cuando puedas mover las caderas de tu caballo, haz que se destraben esos hombros. De la misma manera en que puedes desviar el flujo de agua por varias pinchaduras de una manguera al doblarla, vamos a ejercer presión y pedirle al caballo que se mueva –y seguiremos ejerciendo presión hasta que esa energía encuentre su camino hasta sus hombros–. Párate junto al hombro izquierdo del caballo, mirándolo, con la cuerda en tu mano izquierda a unos 15 cm debajo de su mandíbula. Pídele que mueva su posterior hacia la derecha, alejándose (tal como ya lo has hecho). Cuando logras que su posterior se aleje, cambia tu foco hacia sus hombros y pídele que los mueva (también hacia su derecha), haciendo ruido de beso y llevando su mentón hacia abajo y hacia el lado izquierdo de su pecho (si tuviera puesto un sostén, sería hacia la copa izquierda). Mantén su mentón cerca de su pecho y con tu mano firme en la cuerda "empuja" para que el hombro se aleje. Continúa girando el extremo de la cuerda en su dirección y ejerciendo presión. Haz que comprenda que debe continuar moviéndose y buscando la respuesta ("mueve tu posterior Y los hombros"). Sólo puede mover una "x" cantidad de partes del cuerpo en un número "y" de direcciones, así que rápidamente lo entenderá, siempre lo hacen. Ten paciencia. Dos recomendaciones: quizás sea útil pedirle un paso o dos hacia adelante entre el movimiento de la cadera y el pedido de movimiento de los hombros. De cualquier manera, asegúrate de ligar todos los movimientos para que cada "paso de baile" fluya con el siguiente. Si tu caballo intenta retroceder en vez de mover los hombros, posiciónalo de tal manera que un cerco bloquee el movimiento indeseado.

Cuando recién comienzas, afloja y acarícialo simplemente cuando se inclina en la dirección correcta. Afloja la presión si eleva o mueve las patas como queriendo mover los hombros. Aflójala si te parece que está pensando en mover los hombros. Aprende a construir (aflojando la presión en el momento correcto) sobre estos pequeños avances y pronto el caballo estará moviéndose sólidamente (y directamente) hacia el costado. También retrocederá si sigues esta secuencia: pídele que se mueva hacia los lados (alejándose de ti), luego hacia adelante, luego solamente sus caderas y finalmente hacia atrás. Al final, aléjate caminando hacia atrás y logra el movimiento desde más lejos, quizás a unos dos metros, haciendo girar el extremo de la cuerda, pidiéndole que camine al costado, primero hacia la izquierda y luego hacia la derecha.

Antes de que te des cuenta, lograrás que el caballo esté dando pasos al costado con sus caderas y con sus hombros, de manera fluida y regular, en cualquier dirección, juntos o individualmente como un cangrejo. Cuando se mueva fluidamente hacia un costado, como patinando sobre hielo, verás que también caminará con gusto a tu lado. Pídele que avance como lo has hecho, luego sencillamente gira para caminar a su lado y estarás conduciendo a pie a un caballo que camina correcta y prolijamente cuando se lo indicas. Encontrarás que se mantiene relajado, avanza sin vacilación, y no tira de la cuerda ni se arrastra. Practícalo e inténtalo siempre que tu caballo se arrastre y tire de esa cuerda. Pronto recordará que es mucho más fácil tan solo caminar hacia adelante placenteramente.

Consejos:

1) Aunque suene tonto, los caballos son animales de presa y realmente distinguen cuál parte de su cuerpo estás mirando. Si quieres que mueva la cadera, elige una pequeña parte de esa cadera y mírala fijo, haciendo lo necesario para "mover ese punto". Esto también servirá para mantenerte enfocado en la tarea en cuestión.

2) Esfuérzate por moverte lo menos posible cuando estés practicando este ejercicio. Cuando yo lo enseño, probablemente no salgo más allá de un espacio del tamaño de un maletín. Por cierto que me muevo (giro) cuando es necesario, pero no se trata de moverse un metro hacia cualquier dirección. Piensa "si él lo puede hacer, yo también puedo".

3) Recuerda que una vez que ejerces presión (en las riendas o en la cuerda), cualquier gesto de aligerar esa presión, por poco que sea, podría ser una recompensa para el caballo en el momento equivocado. Ten mucho cuidado de mantener constante la presión (aunque tengas que cambiar de mano cuidadosamente a medida que modificas tu posición) hasta que el caballo se haya ganado que aflojes.

4) Ten siempre presente qué es lo que harás si el caballo se niega rotundamente a obedecer tu pedido y te encuentras en punto muerto. Esto es lo que has estado haciendo cuando el caballo se rehúsa a moverse y reaccionas de inmediato haciendo que mueva su posterior. En vez de enfrentarte a un punto muerto (y, por ende, recompensar al caballo) haces que ponga en movimiento su posterior. Otro ejemplo podría ser cuando estás enseñándole a retroceder o a mover los hombros. Si se detiene o no quiere hacer ninguna de las dos cosas, puedes reaccionar diciendo "muy bien, entonces mueve tu posterior". Mover ese trasero grande y pesado hacia

un costado es trabajo duro —y verás que muchas veces da resultado como motivación si el caballo se rehúsa a obedecer tu pedido inicial de hacer otra cosa—.

5) No te olvides de que el caballo debe practicar cada maniobra de ambos lados, el izquierdo y el derecho. Puedes esperar que le salga mejor de un lado que del otro; compénsalo dedicándole más tiempo al lado más débil.

6) Si tu caballo intenta subir la cabeza y empujarte (y lo intenta a menudo), entonces levanta la mano en el aire (la mano que está más cerca de su cabeza), hacia su oreja, como un estudiante llamando a la maestra. El movimiento repentino hará que se detenga y le indicará que ha cometido una equivocación.

7) Si tu caballo simplemente se estanca, es decir, no quiere mover los hombros o no quiere moverse y punto, entonces no estás ejerciendo suficiente presión en su posterior. Necesitas que el caballo piense "muévete". Utiliza el sentido común ahora, y recuerda, si te duermes, no te sorprendas si tu caballo también lo hace.

Trabajando a la cuerda

Trabajar con tu caballo a la cuerda puede brindar
grandes beneficios, pero debes usar ese tiempo
sabiamente. Aquí te cuento cómo, cuándo y por qué.

El trabajo a la cuerda es para adiestrar a un caballo, no para "cansarlo" (ya llegaré al "cómo hacerlo" en un párrafo o tres; primero daré el sermón). En pocas palabras, el trabajo a la cuerda es para las personas que necesitan adiestrar a un caballo pero que no tienen acceso a un corral redondo. Cuando trabajas al caballo a la cuerda para "cansarlo", ¿sabes lo que realmente está sucediendo? Tu adiestramiento lo está convirtiendo en un caballo más grande, más fuerte, que mañana podrá correr aún más. ¿Recuerdas cómo al principio de la película, Rocky no lograba subir corriendo las escaleras sin tener un arranque de tos? Y en pocas escenas más, no solo corría hasta la cima, también bailaba al llegar hasta ahí. Al igual que Stallone, después de sucesivas sesiones de ejercicio tu caballo será un mejor luchador, no peor. Te aseguro que no será "menos atemorizante" en unas semanas cuando pueda correr durante media hora sin agitarse y luego mirarte, con músculos vibrantes, con cara de "¿eso es todo lo que tienes?". A menos que... a menos que hayas utilizado el tiempo dedicado al trabajo a la cuerda para adiestrar su cerebro. Ejercitar a tu caballo al extremo de una cuerda aporta grandes beneficios, pero debes usar ese tiempo sabiamente.

A decir verdad, si tengo un caballo recién salido de su establo, uno que ha estado encerrado durante 22 horas, podría soltarlo en el corral para que "se saque las ganas" antes –o aun después– de montarlo. Pero lo veo como su oportunidad para ejercitar un poco de libertad, siendo la diferencia obvia que yo no estoy controlando (o haciendo que controlo) sus movimientos. No lo saco del establo, le pongo una cuerda y le pido que galope de manera mecánica, luego me monto y vamos "donde yo quiero ir", para volver a encerrarlo en solitario e irme a mi casa a dormir. Como cualquier empleado de oficina, él tiene su tiempo libre y tiene sus "horas de trabajo". Así que si quieres que tu caballo "se desahogue", suéltalo, no le pidas círculos interminables de 12 metros con la esperanza de que quede "demasiado débil" como para darte trabajo. El caballo más cansado que jamás hayas visto igualmente podría corcovear y tirarte si entrara al corral un oso (o una bolsa de plástico, en realidad). Cuando lo estás montando, o cuando lo estás conduciendo a pie o trabajando a la cuerda, entonces debes exigir que te obedezca –y adiestrarlo en todo momento–. Cuando está suelto en el corral, él puede llevar la voz cantante; si está contigo, la llevas tú.

En gran parte, el trabajo a la cuerda simplemente imita el del corral redondo. Te permite hacer un buen adiestramiento básico con tu caballo (sin los gastos de construcción). Con esto en mente, puedes ver que tu tiempo estaría mal invertido si simplemente dejas a tu caballo correr al final de la cuerda sin ton ni son (ni hablemos de los buenos modales). Si está dando vueltas como perro rabioso tras su cola, tironeando todo el tiempo, entonces está "practicando mal" y el tiempo dedicado a la tarea en realidad está reforzando hábitos muy, muy malos. ¿Cuántas veces has visto un caballo trabajado a la cuerda, dando vueltas, prácticamente arrancándole los brazos al dueño? ¿Qué está aprendiendo allí el caballo además de "ignora la presión"? Está aprendiendo: "hoy tiro de la cuerda de trabajo, mañana tiro de las riendas". Está aprendiendo: "cuanto más tiren de la cuerda, más rápido corro" (léase: "acelero cuando tiran de las riendas"). Ya hemos visto que el caballo se está haciendo más fuerte con cada repetición, así que súmalo todo y tendrás un desastre.

Ya sea que estés enseñándole a un caballo joven a trabajar a la cuerda –o dándole adiestramiento correctivo a un caballo más viejo que tiende a girar a velocidad supersónica–, comenzarás de la misma manera. Comenzarás donde sí tienes control y es "cerca del caballo". Es de poco beneficio comenzar con nuestra meta de que el caballo corra en un círculo grande, si sabemos que vamos a perder el control en algún momento cuando se aleje. Para remediarlo, colócale el cabestro al caballo y toma la cuerda en tu mano izquierda –a varios centímetros por debajo de donde se engancha al cabestro– y un látigo de adiestramiento (o el extremo de tu cuerda de trabajo) en la mano derecha. (En este ejemplo iremos "hacia la izquierda"; obviamente puedes simplemente ir hacia el otro lado más adelante. Un consejo: hallarás que tu caballo se "afloja" más rápido si cambias de lado con frecuencia). Primero debemos enseñarle al caballo la señal de "avanza"; aplica entonces una leve presión con esa mano izquierda, como "sugiriendo" que el caballo se mueva alrededor de ti en un círculo cerrado (en unos minutos no necesitarás aplicar presión en absoluto, pero al principio cada pequeña comunicación ayuda). Haz ruido de beso y levanta la mano derecha por encima de la cadera del caballo. Si no se mueve (ya que es su primera vez), dale un solo golpecito en el posterior. Queremos incorporar un sistema de pre-señales ("levanto mi mano derecha"), señales ("ruido de beso") y motivadores ("te doy un golpecito y sigo molestándote hasta que te muevas"), así que es fundamental que sigas un patrón y siempre comiences con la más mínima presión que querrías que haga efecto para lograr que tu caballo se mueva.

Si el caballo ignora tu golpecito inicial, entonces golpéalo suavemente con esa misma intensidad diez veces en diez segundos. Si te sigue ignorando, golpéalo un poco más fuerte –otras diez veces en diez segundos–. Aumenta tu intensidad (nunca superando lo "muy molesto") hasta que el caballo se mueva. Si un enjambre de moscas puede causar una estampida de búfalos, seguramente puedas lograr que el caballo dé un paso o dos con suficiente paciencia. No le des un golpe repentino porque podrías recibir más de lo que esperabas en la forma de una buena patada. Al mismo instante que sientes que levanta una pata para dar un paso (o al menos, para pensar en dar un paso), baja los brazos, afloja la presión (sobre la cuerda) y acarícialo. Asegúrate de tomarte un descanso de al menos tres segundos (pero no mucho más) antes de volver a pedírselo. (Siempre digo "haz una pausa lo suficientemente larga para oír piar a los pájaros o escuchar soplar el viento". La pausa obligada te ayudará a mantener las cosas calmadas, pausadas y objetivas). Es muy fácil desde aquí repetir este proceso (levantar el brazo, ruido de beso, golpecito hasta que se mueva, aflojar la presión, acariciarlo) hasta que el caballo se da cuenta del patrón y continúa moviéndose a tu alrededor, siguiendo la guía de tu mano izquierda.

Lo ideal es que logres que se mueva fluidamente en un círculo alrededor de ti, con las patas traseras pisando las huellas de las delanteras –tú quieres moverte lo menos posible; haz que camine a tu alrededor, no a la inversa–. Si las patas traseras están demasiado cerca o las delanteras demasiado lejos, entonces aplica suficiente presión sobre el cabestro para pedir que las caderas se alejen (la nariz hacia la cadera) y luego vuelve a guiarlo sobre el trayecto circular por el que venía avanzando. Consejo: encontrarás que es más fácil lograr que esas caderas se muevan a un lado si de antemano le pides que acelere un poco el paso. Si las caderas se mantienen demasiado lejos (es muy común), guíalo con cuidado a tu alrededor (mano izquierda, tal como lo estás haciendo) y pídele (con golpecitos y/o tu postura) que se mueva un poco más rápido. El solo hecho de acelerar un poco mientras lo guías en un círculo alineará sus hombros y sus caderas. También encontrarás que solo con seguir el resto del procedimiento de adiestramiento generalmente lograrás que se acerquen esas caderas a medida que el caballo está menos agitado y más afinado con tus pedidos.

Una vez que el caballo avanza con obediencia cuando se lo pides, dando vueltas a tu alrededor con paso parejo sobre un mismo trayecto circular, comienza a aplicar presión para pedirle que mantenga curvado el cuello. Solo queremos una ligera curvatura; su cabeza solo debería doblarse hacia ti unos pocos centímetros. Míralo de esta manera: si su cuello fuera de vidrio, pídele que se doble apenas lo suficiente como para "quebrar el vidrio". El vidrio no se dobla, así que podrás ver que no buscamos aquí demasiada "curvatura". Apenas aplicas esta presión adicional, el caballo podría aminorar el paso o detenerse por completo. Es importante que lo mantengas en movimiento (golpecito, golpecito) y que insistas en que afloje el cuello. No sólo es más correcto a nivel físico (¿cómo puede moverse fluidamente con el cuello rígido?) sino que el cuello relajado indica que está trabajando junto a nosotros, no rechazando ni luchando contra nuestras indicaciones. El cuello relajado será una "prueba de fuego" para medir su actitud.

Reflexiona sobre los beneficios de este entrenamiento: estás enseñándole a tu caballo a "ceder a la presión de la embocadura", a "moverse flexionado" y a andar en una postura más relajada. Para ponerlo en contexto, un caballo que se para de manos es la imagen más evidente del caballo resistiendo la presión; va hacia arriba en lugar de aflojar y flexionar cualquier parte de su cuerpo.

Si el caballo parece no querer aflojar ese cuello, puedes intentar aumentar ligeramente la presión (sobre la cuerda). Por supuesto, podría reaccionar tirando él más fuerte; así que si necesitas más motivación, intenta pedirle que mueva su posterior hacia los lados (piensa en hacer "un giro sobre las patas delanteras"). Acerca su nariz hacia su cadera (haciendo que sus hombros se detengan y que su posterior se aleje) para decirle "despiértate y haz algo para liberarte de esta presión". Mantén constante la presión sobre la cuerda durante esta "solución" e inmediatamente llévalo de regreso a su trayecto circular, repitiendo hasta que sientas que afloja, por poco que sea. Al principio podrá "ceder" muy poco, así que debes aceptar cualquier intento, aunque sea pequeño o pasajero, cuando recién comienzas. Consejo: muévete de un lado al otro del caballo alternadamente con mayor frecuencia y podrás aflojarlo más rápido.

Si lo piensas, ahora estás trabajando a la cuerda −solo necesitamos agregar un poco de espacio entre el caballo y nosotros para completar la imagen−. Desde aquí es sencillo darle gradualmente "más cuerda". Si estás sosteniendo la cuerda a unos 15 centímetros del gancho, hazlo ahora a 30 centímetros y vuelve a enseñarle a girar a tu alrededor cuando se lo pides. Repite esta sencilla secuencia de "desovillado", paso a paso, hasta que tu caballo gire alrededor de ti cómodamente y educadamente a cualquier distancia que elijas. Si tu caballo no quiere alejarse de ti, haz lo necesario para que se aleje. No es simpático que un caballo ignore tu indicación y, en su lugar, se quede contigo "a pasar el rato". Es muy peligroso porque da como resultado un niño malcriado muy voluminoso, uno que podría aprender a patear y morder para lograr lo que quiere. No te echará en cara que le hagas cumplir las reglas −pero se volverá cada vez más agresivo si le permites hacer lo que le place−. (Otro beneficio de este adiestramiento: estás enseñándole a tu caballo a respetar tu espacio personal).

Enséñale al caballo a girar simplemente permitiéndole "llegar hasta el final" de la cuerda: si has estado girando en tu lugar para seguir con tu mano y con tu cuerpo sus movimientos, entonces tan solo detén tu movimiento y harás que la cuerda también deje de moverse −el caballo se encontrará con que "no tiene más cuerda" para seguir avanzando y se verá impulsado a girar hacia ti−. Verás que dar un paso lateral (no un paso directo) hacia la trayectoria inicial del caballo que viene avanzando (a tu izquierda si el caballo ha de girar hacia su propia izquierda) le dará ánimo adicional. Cambia la cuerda de una mano a la otra y, a medida que él gira, aplica presión sobre su cadera (la que ahora está más cerca de ti) pidiéndole que se mueva en la nueva dirección ("aplicar presión" significa mirarla fijo, hacer un gesto hacia ese punto, pegarle con el látigo si es necesario). Que se mantenga en movimiento durante el giro; no le permitas perder el ritmo o la fluidez.

En poco tiempo comenzará a leer tu lenguaje corporal y verás que con un pequeño gesto el caballo obedecerá la señal de "gira" (y luego "gira y mírame"). Ponte a prueba para ver cuál es la cantidad mínima de presión que puedes aplicar para lograr un buen giro. Fíjate si puedes lograr que el caballo cambie de dirección únicamente por la posición de tu cuerpo y no por tirar de la cuerda de trabajo. Construye tu habilidad para controlar al caballo, eligiendo dos puntos sobre el suelo y logrando que el caballo se detenga y gire exactamente en esos dos puntos.

Una vez que has logrado este nivel de control, verás que el caballo ha comenzado a prestarte atención de manera permanente; ha empezado a pensar "¿Qué va a pedirme ahora?". Todos tus pedidos de cambio de dirección y de velocidad le van a enseñar a prestarte atención y a estar preparado para recibir tu siguiente pedido. El caballo comienza a mantenerse "enfocado" por períodos más largos. Siempre que esté "enfocado" responderá con mayor agilidad a tu siguiente pedido. El caballo que está pensando "¿Qué va a querer ahora?" puede girar sobre una moneda. El caballo que está en otra sintonía y prestando la mitad de su atención girará de manera desprolija –y sólo después de que "lo despiertes" –.

El siguiente paso es enseñarle lo más básico del control de velocidad: en este momento, tu caballo cree que tiene cuatro aires (caminar, trotar, etc.) y dos velocidades dentro de cada aire, "rápido" y "lento". En verdad, debería haber un número infinito de velocidades entre las que elegir. Para lograr la capacidad de que tu caballo se mueva con confianza a cualquier velocidad, comienza pidiéndole que trote a la mayor velocidad que pueda antes de que empiece a galopar. Pregúntate objetivamente cuál fue la velocidad más rápida del caballo al trote, antes de empezar a galopar. ¿Fue 10? ¿20? Recuerda ese número. Luego, pídele que trote, pero aminora la marcha cada vez más, con intentos "tímidos" por bloquear su avance con tu cuerpo o tirando de la cuerda (acercando hacia ti su cabeza, alejando sus caderas). Haz que se mueva cada vez más lento hasta que deje de trotar y camine. Asígnale otro número: ¿cuán lento iba el caballo justo antes de empezar a caminar? Esas dos cifras representan el rango actual de tu caballo, las velocidades máxima y mínima a las que trota. Ahora, trabaja para desarrollar la habilidad de elegir y fijar la velocidad, además de la habilidad de que el caballo se mueva a esa velocidad de manera constante. Lo logras trabajando a tu caballo en las diferentes velocidades de su rango. Si lo más lento que trota es un 5 y lo más rápido es un 12, entonces elige números al azar dentro de ese rango y haz que se mueva por un tiempo a cada velocidad antes de pasar a otra, y a otra, y a otra (de 7 a 9 a 6 a 11, y así). Recuerda que siempre que le pidas que aumente o aminore la velocidad, debes ver un cambio objetivo de la velocidad de sus patas. Un "6" se ve distinto para ti que un "7". Además, cuando aceleres a tu caballo, siempre haz que aminore nuevamente la marcha antes del momento en que piensas que lo está por hacer por sí mismo. Permitirle que disminuya la velocidad por su cuenta hará que ignore tus señales. En cambio, si aprende que pronto vas a pedirle que disminuya la velocidad, comenzará a mantener la velocidad que has elegido por períodos cada vez más largos.

Atención: asegúrate de siempre insistir en que tenga el cuello relajado. No tires por la borda las mejoras logradas permitiéndole que al aumentar la velocidad se ponga rígido y tire de la cuerda. Sigue trabajando sobre esto. Si se pone rígido o tironea, incrementa la presión en la cuerda y afloja en el momento en que él afloja (recuerda, si tira de la cuerda, aprenderá a tirar de la rienda). Si te ignora y necesita motivación adicional, pídele una serie de giros para ver si con eso se despierta. Repite las veces que sea necesario, pero por nada del mundo le permitas al caballo ponerse rígido a medida que aumenta la velocidad. Pronto aprenderá que es mucho más fácil tomárselo con calma, bajar la cabeza y relajarse, que estar continuamente cambiando de dirección (girar requiere de mucha más energía; es física pura). Otro beneficio de esta tarea: insistir en que tu caballo mantenga el cuello relajado cuando gira ayudará, al menos parcialmente, a desarrollar en él el hábito de andar con una postura más erguida y evitar, más adelante, que se "incline" cuando lo estés montando y realices un giro a cierta velocidad.

No le des importancia a las distracciones porque solo obtendrás su atención mejorando su desempeño. Si el caballo se comporta como un mocoso, estirando el cuello para relincharles a otros caballos, o saltando una y otra vez en el lugar porque flamea un toldo, o se sale de tu patrón de trabajo de otra manera, ignóralo o pídele que haga más, hasta que vuelva a prestarte atención. Agrega más pedidos: en vez de pedirle un giro y luego aflojar tu presión, pídele que acelere, gire hacia ti, retroceda, gire alejándose y salga galopando, etc. Sigue incrementando su carga de trabajo hasta que decida trabajar contigo. No es que ya no existe la potranca de ese corral cercano, o que ya no le interesa, pero le estás dando tanto para hacer que ya no puede prestarle atención. Tómalo con seriedad y míralo como algo positivo: debes saber que trabajar entre las distracciones es una gran manera de lograr ese mayor control que necesitarás luego cuando estén en la pista.

Los modales y los vicios
Los caballos que muerden

Uno de los peores vicios que puede tener tu caballo es morder. Es más peligroso que cuando corcovea, cuando se para de manos, o cuando patea —más peligroso que cualquier cosa que se te pueda ocurrir—. Esto es lo que debes hacer.

De un mordisco un caballo te puede cortar un dedo, una oreja, o alguna otra parte que prefiero no mencionar. Lo puede hacer sin previo aviso y en un abrir y cerrar de ojos. Así de rápido. Es un animal de presa con los reflejos de un animal de presa.

Cuando se trata de mordidas, tu primera línea de defensa es la prevención. Tienes que saber que tu caballo nunca, nunca mordería a su propia madre, y debes reconocer la agresión como característica de un caballo que no respeta a su dueño. Invierte esa dinámica estableciendo una política de tolerancia cero frente a la falta de respeto demostrada por tu caballo. Mantente atento para poder identificar las instancias en las que te trata con indiferencia y sanciónalo de inmediato. Si cuando caminas de un punto a otro tu caballo te bloquea el paso, él debe correrse, no tú. Si cuando lo alimentas te apura groseramente, hostigándote con los hombros, no te alejes. Debes ponerlo en su lugar —en sentido literal y figurado—. Si echa las orejas para atrás mientras le ajustas el cabestro, lo debes poner a trabajar de inmediato e intensamente. Lo pones a hacer cualquier ejercicio en tierra que sepas, por unos diez minutos; para mostrarle que sólo se obtiene la tranquilidad cuando hay respeto. Lo que es bueno hacer en cualquiera de los casos es simplemente hacerlo retroceder. Haz que camine hacia atrás una buena distancia, todo el largo de una cancha de fútbol, y recuérdale quién manda, quién es el que paga todos los gastos.

Si ha comenzado a morder, o si está "bocón" y te preocupa que el hábito se transforme en algo más agresivo, entonces haz todo lo que sugiero a continuación para protegerte:

1) Hasta que tu caballo se convierta en ciudadano modelo, no le des tiempo para estar ocioso buscando problemas. Cuando está contigo, búscale una tarea y mantenlo ocupado. Practiquen cualquier ejercicio en tierra que quieras mejorar. Pídele que mueva los hombros, que retroceda, que gire su parte posterior alrededor de su anterior repetidamente… lo que sea, pero mantenlo ocupado.

2) Esto es algo obvio, pero no está de más recordarlo: sé consciente de mantener los dientes de tu caballo lejos de ti cuando estén juntos. La manera más fácil y objetiva de lograrlo es insistir en que siempre esté alejado de ti unos cuantos pasos. Debes demarcar tu zona segura e insistir para que respete esa distancia.

3) Cada vez que el caballo se pone "bocón", en realidad, cada vez que te parece que lo podría estar pensando, visualiza al personaje animado Pepe Le Pew. Recuerda específicamente el episodio clásico donde la mofeta Pepe se enamora de la gata negra. Ella no lo puede ni ver. Él la abraza fuerte, sin importarle las desesperadas maniobras de ella por escabullirse. Él está enamorado, ella piensa que él apesta. Literalmente.

Para corregir a tu caballo mordedor, tú serás Pepe Le Pew y tu caballo será la gata. Comienza buscando cualquier excusa para abrazarlo y demostrarle amor como hizo Pepe con esa gata. La próxima vez que te muestre que está disgustado con algo, aunque sea por un instante, deja lo que estás haciendo, toma su nariz entre tus manos y acarícialo, acarícialo, acarícialo. Hasta que se escabulla –y luego vuelve a tomarle la cabeza y acarícialo de nuevo–.

Presiona un poco a tu caballo. Que se atreva a mostrarse molesto; y apenas lo haga, debes darle toda la atención que parece estar buscando y más. Acarícialo fervientemente hasta que pida "¡Basta!" a gritos e intente alejarse. Busca oportunidades para hacerlo y diviértete. Esto te pone en un rol "activo". Ya no estarás esperando el ataque. Ahora estás en el asiento del conductor –ahora logras que te respete–.

Un consejo: esta misma solución funciona con aquellos caballos que actúan como idiotas cuando le ajustas la cincha. La próxima vez que ajustes la cincha y el caballo responda sacudiendo la cabeza, baileando o rechinando los dientes, intenta tomar su nariz entre tus manos y frotarla sin parar (si tu caballo reacciona negativamente al ver la montura, asegúrate primero de que tenga un calce correcto y no le esté causando dolor. No esperes que acepte una montura que lo lastima).

He aquí la belleza de este método: primero, actuar como un hermano mayor fastidioso, molestando a tu caballo, es simplemente divertido. Segundo, verás que ese caballo que alguna vez te dio temor cuando acercaba la nariz, ahora no se mete donde no lo llaman, ruega que no te fijes en él y que no te pongas todo mimoso de nuevo.

"Le tengo miedo a mi caballo, por favor ayúdame" (El caballo que intimida)

¿Tu caballo actúa como si fuera el jefe? Revierte esta situación aprendiendo a identificar cuáles son los momentos en que tu caballo toma el control.

Este capítulo es para aquellas personas que se han encontrado con un caballo que desde que llegó "está hecho un mocoso". Trata sobre los modales básicos y ciertas actitudes en tierra –no aborda los temas que surgen al montarlo, como por ejemplo, el caballo que se asusta fácilmente–.

¿Te gustaría llegar al establo y que tu caballo se te acerque con una sonrisa para pasar un rato, como buenos amigos? Bien, es posible lograrlo, pero primero...

Primero la cruda verdad: si desde que lo tienes tu caballo ha desarrollado malos modales en tierra (agresividad, actitud grosera, o vicios especialmente peligrosos como patear o morder), entonces solo podrás arreglarlo aceptando que primero debes lograr un cambio en ti mismo. Cada contacto que tenemos con nuestros caballos les enseña algo, y tu comportamiento ha "entrenado" al tuyo a pasarte por encima. Cuando el caballo vino a vivir contigo te vio como una incógnita. ¿Estarías tú al mando –o él–? Él sabe que alguien debe estar al mando. Millones de años de "supervivencia del más apto" han programado en él la convicción de que tiene que haber un jefe. Si tú no asumes el puesto, lo hará él. Y ahora, meses o años después de llegar al establo, el caballo te mira y ve un gran bobo, envuelto para regalo y con un moño.

Pero, me dirás, no quiero asustar a mi caballo siendo demasiado rudo. Valoro nuestra relación y quiero que aprenda a confiar en mí. Quiero afianzar los lazos que nos unen y ser amigos, y recorrer los campos montado a pelo con mis cabellos al viento...

Y bien, puedes tener una relación estupenda, pero requiere respeto –y el respeto debe ganarse–. Comienza por recordar que tú eres quien paga las cuentas. Y tu caballo por cierto no es "quien te manda". Tú mantienes a tu caballo, dándole el mejor cuidado posible, y a cambio él trabaja para ti y tiene una tarea que cumplir. Seguro que le encantaría sentarse en el sillón frente al televisor, dándote órdenes para que le traigas un refresco y un sándwich, pero no puede funcionar así. Tú tienes que ir a trabajar todos los días; tu caballo debe ir a trabajar todos los días. Típicamente los caballos trabajan más o menos una hora por día, mientras que nosotros lidiamos con el tráfico antes de cumplir con nuestras ocho horas diarias. Así que nuestros amigos equinos, aun los que entrenan a tiempo completo, la tienen bastante fácil.

El trabajo de tu caballo es girar y mirarte cuando entras al establo, quedarse quieto mientras lo ensillas o lo montas, trotar o galopar cuando se lo pides, ir a la velocidad correcta, etc.

Pero ya has escuchado todo esto, ¿verdad? Y tu caballo sigue siendo un dolor de cabeza. Pues bien, permíteme explicarte el meollo del asunto: si has leído un artículo tras otro y tu caballo sigue incorregible, busca un profesional. Hay muchísimos entrenadores profesionales de caballos por ahí. Créeme, nos encantaría que nos contrates. Pero me dirás, no puedo pagar un entrenador. ¿No? ¿Puedes pagar la cuenta del hospital para arreglarte un hombro lastimado? ¿Y cuánto vale tu dedo meñique? Si compartes suficiente tiempo con un caballo maleducado pronto perderás los diez dedos. Los caballos no amanecen un buen día iluminados por la verdad de que han sido muy rudos contigo y que ya es hora de hacer las paces. Se ponen peores.

Sabrás que llegó la hora de llamar a un profesional si te surgen ciertas preguntas o pensamientos. Por ejemplo, si piensas "Nadie puede entrar al corral con él, ¿por dónde empiezo?", entonces no alcanzará con leer un artículo. Llama a un profesional. O quizás eres nuevo por completo en este tema de los caballos y compraste un potrillo inmaduro pensando que entre los dos "aprenderían juntos", y ahora te estás preguntando "¿Por dónde empiezo?". Llama a un profesional.

Para el resto de ustedes, enumeraré algunos ejemplos específicos y soluciones –pero eso es todo lo que son, ejemplos–. Para poder ver algún cambio positivo, deberás ajustar este material a tu propia situación y comienza por implementar, en todos los aspectos del trato con tu caballo, una política de tolerancia cero frente a la falta de respeto. Comienza buscando proactivamente las pequeñas transgresiones: si estás leyendo esta nota, esas transgresiones seguro existen.

Lo más importante para rescatar de este material es simplemente esto: debes comenzar a reconocer aquellos momentos cuando le cedes el control a tu caballo. Tienes que estar atento y prestar atención a esos pequeños desaires que señalan una pérdida de control: no quiere ir a la velocidad que le pides, gira su cabeza bruscamente para relincharle a otro caballo, echa sus orejas para atrás, te apura a la hora de comer, sale disparado cuando le quitas el cabestro. Sé proactivo. Mantente atento a las faltas de respeto de tu caballo y córtalas de raíz.

Cuando le pones el cabestro a tu caballo, ¿debes luchar con él para traer su cabeza hacia ti o mantiene relajado el músculo largo de su cuello? ¿Simplemente "te tolera" o se queda parado amablemente? Sé consciente de estas cosas. Si permitimos que se acumulen estos momentos es como construimos monstruos que luego nos echan fuera del corral. Si la vocecita en tu interior te dice que tu caballo está sobrepasando los límites, pues haz algo al respecto. Y no lo pienses demasiado. Es simplemente sentido común. El cambio no sucede tanto por "cómo" modificas su actitud sino por "cuándo" lo haces (la respuesta correcta es: "de inmediato"). Haz lo necesario para lograr que el caballo se despierte y te preste la atención que mereces (¡por Dios!, por ser el hombre o la mujer que paga todos los gastos). En estos casos mencionados, podría ser cuestión de poner presión en la correa del cabestro hasta que el caballo relaja y deja caer su cuello, y luego soltarla y acariciarlo. Quizás sea cuestión de aplaudir para que el caballo te mire con sus dos ojos. Quizás la respuesta sea sencillamente hacer que el caballo practique el paso atrás o el paso al costado o que gire su posterior alrededor de su anterior (casi) fijo. No es lo que haces sino que hagas algo y que lo hagas de inmediato.

Podría darte soluciones específicas para el caballo que se resiste a que le pongan el cabestro, el de cabeza esquiva, el que no sigue el ritmo mientras caminan, etc., pero cada uno de esos temas merece su propia atención, y no es lo que quiero que entiendas aquí. Lo que quiero que aprendas es: "¡Ah! Ya veo cuándo y por qué mi caballo se está convirtiendo en un sinvergüenza". Ese sencillo momento de comprensión tendrá efectos profundos sobre la relación que compartes con tu caballo. Crear "límites de comportamiento" para tu caballo es la manera en que logras su respeto, es la clave para hacer que sea divertido tener un caballo.

Veamos qué pasa cuando alimentas a tu caballo. Vuelca el grano y sé consciente de si dejas de existir o no para él desde el momento en que ve su comida. ¿Te pasa por encima como si hubieras desaparecido? ¿Quizás te empuja groseramente con la cabeza? Tú debes reaccionar como lo hubiera hecho mi madre si me comportaba así en la mesa cuando era niño: vuélvete loco. Hazle saber al caballo, en el mismo instante en que sospechas que ha sido irrespetuoso, que esa falta de modales no será tolerada. Grita, aplaude, salta un par de veces, arrójale el balde. El señorito puede muy bien esperar para comer hasta que te obedezca, sí señor. Que sepa que no sobrevivirá a la siguiente transgresión –y hazlo rápidamente–. Recuerda que solo tienes tres segundos para efectuar la corrección, sino el caballo no hará la conexión entre el error y tu reacción. Pensará que simplemente eres muy extraño. También, cada vez que haces una corrección, asegúrate de volver de inmediato a tu estado natural.

Intenta caminar con tu caballo alrededor del corral. ¿Estira su cuello para relincharle a otro caballo, ignorando tu indicación de que siga caminando? Pues mejora su capacidad de atención mejorando su desempeño: que practique mover los hombros o bajar la cabeza y retroceder por veinte minutos. ¿Sigue intentando lanzarte su hombro más cercano, amenazando con pasarte por encima? Pídele que mueva esos hombros dando pasitos a la izquierda y a la derecha por un rato. Debes tener prontas tus soluciones porque las pequeñas infracciones se van sumando y el resultado es un caballo grande y peligroso. Cuando tu caballo se planta y se rehúsa a dar el siguiente paso, tira fuerte y rápido de la cuerda haciendo que su nariz toque su cola. Quizás golpea su posterior con el final de la cuerda. Grita si es necesario, pero haz que se mueva. Al llevar su nariz hacia su grupa alejarás ese hombro de forma segura, lo despertarás, estarás nuevamente al mando (ponle una cabezada con un bridón en la boca durante estos ejercicios si ves que el caballo te abruma cuando está equipado solamente con el cabestro).

Luego aplaude, baila, o grita palabrotas hasta lograr que el caballo te mire con sus dos ojos. Cuando lo logres, sigue caminando, listo para desatar sobre él la ira de siete tigres maniáticos si vuelve a jugarte una mala pasada. Hazle saber que tú eres el toro más grande del corral, un toro que está totalmente relajado y contento, siempre y cuando todos cumplan con las reglas.

Una pregunta frecuente es "¿No empezará a tenerme miedo?", "¿No pondré en peligro cualquier buena voluntad que tenga?". Respuesta: No, si tus correcciones son claras. Los caballos no son estúpidos y no les molestan los dictadores benevolentes. Sé justo y constante en tus acciones y te ofrecerán su respeto. Hazle saber que no se tolerará ninguna mala actitud –y luego relájate–. O sino, puedes hacer la vista gorda, dejar que se deterioren estos malos modales, y acabar del lado del perdedor.

El que se mueve primero, pierde (o "cómo lograr respeto")

Esto es algo que puedes hacer para recuperar (mantener o solidificar) el lugar que te corresponde como líder de tu "manada de dos".

¿Tu caballo golpea el box con impaciencia a la hora de comer? ¿O no se comporta cuando lo conduces a pie, o muerde o corcovea o patea durante un cambio de velocidad, o baja la cabeza para comer pasto, o se olvida que existes cuando le relincha a otros caballos, o se irrita cuando le ajustas la cincha o actúa como un tonto con el herrero…? ¿Tu caballo te ve más como sirviente que como patrón?

¿O quizás estés buscando algún adiestramiento eficaz para llevar a cabo en un día lluvioso o de invierno? ¿Quizás algo que puedas enseñarle en el pasillo del establo cuando otra persona está usando el corral?

Para aquellos que contestaron que "sí", voy a describir una prueba y luego una corrección para los caballos que no aprueben. Haremos un diagnóstico de cuánto control tenemos versus lo que creemos que tenemos; recuperaremos el control que inconscientemente podremos haber cedido, mejoraremos los "modales", y reforzaremos en general nuestro adiestramiento. Algunos de ustedes pondrán a prueba a sus caballos, ellos pasarán la prueba y ustedes continuarán con otra cosa. Me arriesgo a decir, sin embargo, que la gran mayoría de ustedes encontrará que es necesario un pequeño ajuste.

Si tu caballo te hace a ti algo que nunca le haría a su madre, tienes un problema de respeto. Cada uno de los problemas enumerados anteriormente ocurren en un caballo que no te ve como el jefe. Más importante aún, estos caballos tienen dueños (o sea tú) que, o no se dan cuenta de la dinámica presentada, o se dan cuenta pero no saben qué hacer al respecto. Sencillamente, empezando aquí y ahora, debes poner a punto esa relación; debes volver a ser el jefe.

En el corral redondo obtenemos respeto controlando la dirección del caballo, no permitiendo que se detenga, mediante el control de velocidad, etcétera. A la hora de comer reforzamos el respeto al no permitir que el caballo nos atropelle. Al conducirlo a pie mantenemos nuestra posición para exigirle que sea amable, haciéndolo retroceder o practicando otros ejercicios de trabajo en tierra si se nos viene encima o nos empuja. Mantenemos una política de tolerancia cero y lo hacemos porque sabemos que son las pequeñas cosas las que suman al total (¿verdad?).

Por más que suene obvio, se sorprenderían de saber con qué frecuencia alguien pregunta (en una clínica de equitación) cómo corregir un tema de comportamiento –y juran que han sido estrictos con sus caballos– y aun así puedo ver varias señales estridentes de que el caballo está muy, muy, muy malcriado. El dueño, con todo respeto si te estoy describiendo a ti, ignora absolutamente la realidad.

Hay algo que podemos hacer para recuperar (mantener o solidificar) el lugar que nos corresponde como líder y se trata de un fenómeno al que muchas veces recurrimos en nuestro adiestramiento: el caballo cree que "el jefe es el que hace que el otro se mueva". Observa un grupo de caballos pastando. A la hora de comer verás que la yegua que manda logra fácilmente que los demás se alejen del comedero a medida que ella se acerca. Está bien, logró ese respeto respaldando las amenazas de hoy con las patadas de ayer –pero la comprensión de lo que aquí subyace es el punto importante–. A partir de hoy, cada vez que la yegua logra que el otro caballo se mueva sin levantar un dedo, por decirlo de alguna manera, afirma aún más el entendimiento de quién manda. "Yo no me salgo de tu camino, tú te sales del mío". Puedes aprender de la naturaleza incorporando una medida similar.

Debes recordar cuatro cosas cuando practicas esta lección, cada una es importante para tener éxito: primero, siempre que sea posible utiliza tu lenguaje corporal para hacer que el caballo se mueva. No recurras a la fuerza física a menos que sea absolutamente necesario. (Los caballos rara vez recurren a la violencia y logran mantener la armonía en su manada, sin embargo nosotros los humanos sentimos que es imperativo golpear, pegar y taconear constantemente –es bueno tenerlo en cuenta–. Si ellos lo pueden lograr, tú también puedes). Segundo, si el caballo te ignora corrígelo rápidamente. No permitas que pasen ni dos segundos antes de hacer cumplir tu pedido. Tercero, lo que estamos buscando es que el caballo "ceda su cuerpo", no que simplemente "se aleje caminando". ¿Entiendes la diferencia? Alejarse tranquilo, dándote la "espalda", es una manera metafórica de mandarte al cuerno. Dar un paso para alejar las caderas mientras mantiene ambos ojos enfocados en ti es demostrarte respeto. Sé consciente de la manera en que tu caballo mueve su cuerpo mientras trabajas con él. Quizás tengas que mantenerlo en movimiento hasta que comience a mostrarte respeto. Cuarto, practica todo lo que describo aquí tanto del lado derecho del caballo como del lado izquierdo.

Bien, pongamos a tu caballo a prueba para ver si puede leer tu lenguaje corporal y se aleja obedientemente cuando le das la señal (y, si no lo hace, se lo enseñaremos). Ponle el cabestro y, sosteniendo la correa o la cuerda en tu mano izquierda, acércate a su posterior izquierdo. Ten cuidado de no aplicar ninguna presión sobre la cuerda y camina a una velocidad estable como si el caballo ni siquiera estuviera ahí. Haz ruido de beso (diciendo, en esencia, "muévete") a medida que te vas acercando. Ya sea que la lógica indique

que el caballo leerá correctamente la situación y dará un paso para alejarse, o no lo haga, es imprescindible que tú creas que sí se moverá. Confía en mí, tus pensamientos tienen mucho efecto sobre tu lenguaje corporal. Si das un paso dudoso, esa vacilación transmite el mensaje: "no estoy seguro, quizás yo no sea el jefe aquí" y el caballo felizmente se quedará parado en su lugar.

Ahora, vuelve a leer ese último párrafo. Según lo que he observado en jinetes/dueños en mis clínicas, un gran porcentaje de personas deja de avanzar a medida que se acerca al caballo porque la lógica le dice que el caballo no se va a mover. Es imprescindible que aprendas a caminar con decisión y directamente "a través" de tu caballo. Aunque suene como un concepto fácil, es sorprendente cuántas personas se detienen y giran hacia mí con un "No se está moviendo. Uaahh". Si ese eres tú... HAZ QUE SE MUEVA. Toda esta danza debe ser fluida, sin vacilación. Tienes la cuerda en la mano, utilízala. Mejor aún, tienes la lógica de la previsión, utilízala. Haz ruido de beso primero para hacerle saber que vienes en camino y, en el mismo instante en que piensas que el caballo podría quedarse ahí, aplica presión sobre su nariz y pídele a la cadera que se mueva. Si eso no funciona, haz que su nariz toque su cadera. Si eso no sirve pégale con tu fusta.

Ahora, un comentario aparte: cuando subes a tu auto, primero enciendes el motor, ¿verdad? El caballo es igual. Cuando está simplemente parado allí, haciendo nada o masticando pasto, está "apagado". Yo no quiero que empiece a mover las partes del cuerpo como un mimo francés enloquecido cuando entro al corral; pretendo que se quede tranquilo y haga lo que quiera hasta que con mi postura o con una señal verbal le diga que "mueva algo" (como anteriormente con ese preaviso de ruido de beso). A veces, puedo y debo poder trabajar en su presencia y él puede y debe quedarse o actuar como si yo no estuviera ahí. Eso está bien y hasta es necesario. Pero luego, para despertarlo, "le doy arranque" con el ruido de beso, "Hola, necesito algo". Mirar a tu caballo directamente, hacer ruido de beso, caminar y mirar fijo su cadera... estas cosas en combinación envían una señal bastante clara "Oye, pon primera y mueve tu trasero". Mientras que el beso es un llamado de atención, tu mirada y tu movimiento señalan qué es específicamente lo que debe mover. (Una vez que el caballo me está prestando atención, entonces puedo esperar –y lo espero– que a lo largo de esa sesión se mueva solo con mis movimientos, sin besos).

Regresemos a la tarea entre manos... Con la cuerda en la mano izquierda has caminado hacia la cadera (luego de tu beso de preaviso y tu paso decidido). Has practicado lo suficiente y ahora él entiende tu pedido y aleja sus caderas con elegancia. Lo has perfeccionado desde ambos lados, izquierda y derecha. El siguiente paso es sencillamente quitarle el cabestro y trabajar para lograr los mismos resultados. Si a esta altura ignora tus pedidos, solo agita los brazos o la cuerda en dirección a su cadera. Si sale corriendo, piensa que deberías haber comenzado en un corral más pequeño. Búscalo y vuelve a intentarlo. Si tienes problemas con esto, regresa y practica más con el cabestro puesto, poniendo especial cuidado en pedirle que mantenga ambos ojos sobre ti cuando se aleja (esto ayuda a mantenerlos cerca y evitar que "se vayan").

Si el caballo no se mueve o lo hace como si tuviera piedras en los bolsillos: puede que sea porque no lo estás reprendiendo con determinación o puede ser que estés esperando demasiado tiempo después de tu pedido para reforzarlo con una reprimenda, obligando al caballo a moverse. Siempre, siempre, siempre haz tu pedido y luego respáldalo con decisión a los dos segundos si él no se mueve con tu pedido inicial. Recuerda que es: 1) ruido de beso para decir "necesito algo", 2) caminar hacia el punto que debe moverse, 3) reforzar tu pedido con un poco de motivación si es necesario.

A continuación, vuelve a ponerle el cabestro y capitaliza sobre las mejoras logradas pidiéndole al caballo que retroceda, alejándose de ti: pídele que sus caderas se alejen y luego, medio segundo antes de que se detengan, camina hacia los hombros o el pecho de tu caballo, sugiriéndole que "retroceda". Asegúrate de pedirle que retroceda antes de que esas caderas se detengan, por la misma razón que es más fácil empujar un auto que ya está moviéndose que uno que está detenido. Utiliza la inercia y trabaja sobre tu sincronización: beso, él da un paso alejando las caderas, tú caminas hacia su pecho/hombros con una ligera presión sobre la cuerda para ahora indicarle "retrocede". Solo pídele un paso o dos y si lo hace, excelente –pero tráelo hacia adelante de inmediato o haz que gire las caderas y termínalo ahí– (ten cuidado de no pararte delante de él si existe la posibilidad de que pueda atropellarte). No aflojes (abandones) hasta que sientas que el caballo ejerce menos presión en la cuerda (es decir, presiona menos que la vez anterior). De ser necesario, mantén esas caderas en movimiento o haz que el caballo siga caminando hacia adelante hasta que afloje (lo sentirás en tu mano). No aflojes mientras está retrocediendo a menos que esté realmente aumentando la velocidad. Aflojar mientras él comienza a aminorar su marcha mientras retrocede hará que se mueva aún más lento; podría también comenzar a inclinarse hacia un lado, como un árbol en el viento.

Si se mueve perezosamente: 1) Tú lo estás permitiendo. Envíale un fuerte llamado de atención. Aplaude, haz sonar tu látigo, etc. Recuerda, entra energía, sale energía; y/o 2) estás permitiendo que esas caderas se detengan por completo antes de pedir el cambio de dirección. Ajusta tu sincronización, pidiéndole al caballo que retroceda un segundo o dos antes.

Existen otras dos soluciones que puedes intentar: 1) prueba hacerlo retroceder en ángulo (esto hace que tenga que levantar más alto sus patas y en consecuencia pisar con más ligereza) y/o 2) invierte las cosas: pídele que se mueva hacia adelante y luego hacia atrás y luego otra vez hacia adelante (siempre terminando hacia adelante). Mueve las caderas, luego sin pausa aléjate de él pidiéndole que avance, luego de inmediato pídele que retroceda (si puedes hacerlo) u otro movimiento de caderas (si no puedes lograr que retroceda). Una vez más, debes terminar con pasos hacia adelante o con un posterior que da pasos laterales. Siempre y cuando le pongas energía a esto y lo mantengas en movimiento (y solo aflojes cuando él ejerza menos presión en la cuerda), el caballo se hará cada vez más ligero con sus patas. Antes de que te des cuenta estará deslizándose en cualquier dirección como si estuviera patinando sobre hielo. No te rindas y haz que se mantenga en movimiento; en poco tiempo lograrás que retroceda.

Durante todo este ejercicio querrás observar continuamente la voluntad del caballo según cuánta presión ejerce sobre la cuerda que sostienes en tu mano (si está tirando de la cuerda, no está trabajando contigo). Afloja tu presión (directamente sobre la cuerda o mediante la posición de tu cuerpo) cuando el caballo se relaje y haga lo que le pidas –y cuando sientas que disminuye la presión en la cuerda–. (Consejo: prueba aflojar la presión cuando pienses que el caballo tiene la idea correcta, en vez de hacerlo un segundo más tarde cuando realmente ha hecho lo correcto. Aprenderá aún más rápido).

Fíjate que cuando comenzamos a adiestrar al caballo para que retroceda, camine hacia adelante, o dé un paso al costado, solo estamos buscando que dé unos pocos pasos antes de aflojar nuestra presión, concluyendo allí nuestra mini-lección (esto es especialmente cierto más adelante cuando estés montándolo). Una vez que los dos tengan práctica, le puedes pedir que camine hacia adelante o hacia atrás todo a lo largo del corral o la pista –pero primero perfecciona dar dos pasos antes de pedirle diez–.

Finalmente, cuando tu caballo comprende "debes alejarte según mi lenguaje corporal", haz que se muevan sus hombros. Quieres tener la habilidad de caminar hacia los hombros del caballo y que se aleje con un giro (específicamente sobre esas patas traseras). Un ejemplo de por qué esto sería necesario: estás conduciendo tu caballo a pie desde su hombro izquierdo y ves un billete en el suelo, detrás de ti y a tu derecha. Deberías poder simplemente girar a la derecha mientras que el caballo se detiene brevemente y se aleja con un giro, permitiéndote recoger el dinero (si no se alejara con un giro y solo deambulase por ahí, terminaría bloqueando tu camino).

Existen un par de maneras de lograr que se alejen los hombros, pero en esta situación vamos a lograrlo pidiéndole al caballo "giros hacia afuera". Aquellos de ustedes que dominan los métodos del corral redondo de John Lyons reconocerán estos componentes. Si te paras junto al hombro de tu caballo y caminas "hacia su cuello" como en ese ejemplo, podría suceder que simplemente te bloquee el paso. En vez de eso, aléjate retrocediendo unos 3 a 6 metros y pídele que se aleje de ti moviendo tus manos hacia su hombro más cercano y haciendo ruido de beso, caminando hacia su hombro mirándolo fijamente, haciendo sonar tu látigo en esa dirección, lo que sea necesario para lograr que se aleje de ti usando los hombros. Si estuvieras en un corral redondo, esto sería un "giro hacia afuera", ya que se le pide al caballo que gire alejándose del centro del corral, en vez de hacia el centro (con un caballo especialmente terco, es de gran ayuda visualizarlo de esta manera). Naturalmente, querrás practicarlo en un espacio cerrado. Practica pedirle que gire "hacia afuera" desde ambos lados hasta que sea competente. A medida que mejore la "sociedad" entre ustedes, empieza a acercarte muy de a poco, acortando cada vez más la distancia desde donde se lo pides. En poco tiempo deberías encontrarte con que solo necesitas hacer ruido de beso, luego caminar hacia el hombro/cabeza/cuello del caballo y él amablemente se alejará (para obtener más información sobre cómo enseñar los giros hacia afuera, lee "Día Uno" o el capítulo "Entrenamiento para conducir al caballo a pie").

Ya sea que tengas problemas montando a tu caballo, conduciéndolo a pie, alimentándolo, o simplemente "estando cerca" de él, muchas veces puede ayudarte muchísimo si le enseñas a tenerte respeto. Tal como subrayé repetidamente, los caballos le dan mucha importancia al concepto "el que controla los movimientos del otro es el jefe". Practica el material que he presentado aquí y encontrarás que tu caballo demuestra una voluntad renovada en todos los aspectos de tu adiestramiento.

El tráiler

Uso del corral redondo para enseñarle al caballo a subir a un tráiler

Este es un método para enseñarle a tu caballo a subirse al tráiler proactivamente —y de una manera bastante elegante—.

Retrocede tu tráiler para que quede pegado al corral redondo. Desconecta entre sí dos de los paneles del corral, uniéndolos uno a cada lado de tu tráiler. La abertura del tráiler ahora estará en el lugar donde había un panel. Es decir, si estuvieras parado dentro del corral redondo podrías caminar directamente al fondo del tráiler (mira la tecla "Q" en el teclado de tu computadora, esa es la forma que tendrá). Asegúrate de que la puerta de tu tráiler esté plegada hacia atrás, por fuera del corral redondo, para que nada impida el paso del caballo cuando corra alrededor del corral.

Ahora, ve a ponerte tus zapatillas deportivas; las necesitarás. Este es un método excelente para enseñarle a tu caballo a subir solo (contigo a cierta distancia), pero deberás trabajar muy duro en la etapa de aprendizaje. Debes comprender también que esta técnica tiene una desventaja, ya que no le enseña al caballo a bajarse solo —más adelante tendrás que practicar específicamente la bajada— (al final de esta lección se incluyen algunas notas al respecto). Dicho esto, es genial que tu caballo esté "buscando" la puerta abierta del tráiler en vez de estar empacado a doce metros de distancia.

Los que conozcan el trabajo en el corral redondo encontrarán este adiestramiento familiar. Pon a tu caballo a dar vueltas en el corral redondo a paso bastante ágil –no rapidísimo, pero a un buen ritmo–. Posiciónate de tal manera de poder pedirle un giro hacia afuera: cuando viene dando la vuelta, camina hacia él y "empuja" su cabeza hacia el cerco usando tu lenguaje corporal (es de gran ayuda concentrar tu atención sobre un punto pequeño como su nariz). Si te paras detrás de su cruz estarás empujándolo hacia adelante, así que mantente por delante de su cruz en este caso y utiliza movimientos para empujar su nariz hacia el exterior del corral. Agita las manos, señala, chasquea tu látigo, haz lo que sea necesario. Los giros hacia afuera son fáciles de lograr porque "escaparse" es exactamente lo que quiere hacer el caballo nervioso. Haz que tu caballo gire y de vueltas hacia la derecha y hacia la izquierda y nuevamente a la derecha. Practícalo hasta que puedas hacer girar al caballo en un punto específico del corral redondo (por ejemplo, en la unión de dos paneles).

Cuando trabajas en el corral redondo querrás tener un látigo de trabajo o un lazo que puedas usar para darle golpecitos a tu caballo para forzar un movimiento si él ignora tus ruidos de beso o pedidos más sutiles. Sé consciente de que tu caballo podría empezar a ignorar tus motivadores (por ejemplo, lanzarle la soga) si no los respaldas con una acción mayor de tu parte cuando él no se mueve después del primer segundo. Cuando chasqueas suavemente el látigo de trabajo o la soga, respáldalo si el caballo se demora en responder, haciendo que realmente tenga que moverse (salta y grita, lo que sea). Siempre querrás usar la motivación más mínima –y luego respaldarla con un buen chasquido del látigo o alguna acción agresiva que le indique "hazlo ahora mismo" cuando sea necesario. No le enseñes que "ladras pero no muerdes"–.

Para cuando logres hacer girar a tu caballo en un punto específico, él ya habrá decidido que esto no es demasiado divertido. Perfecto. No estamos tratando de "cansarlo", queremos usar el ejercicio para motivarlo a encontrar la respuesta a esta pregunta: "¿Qué tengo que hacer para que me dejes simplemente quedarme aquí parado?". Usaremos los pulmones y el corazón para decirle a su cerebro: "Oye, ¡piensa en algo de una vez!".

El caballo que comenzó este ejercicio teniéndole bastante miedo al tráiler va a correr en círculos desparejos, evitando pasar cerca del tráiler, manteniendo un ojo puesto en ti y el otro en el tráiler. Le tiene miedo –más del que te tiene a ti–. Empújalo más fuerte y más rápido para que sus círculos sean más parejos (o mediante una serie de giros en el lugar adecuado) pero cuida tu posición y no lo fuerces a tener que elegir entre entrar al tráiler o pasarte por encima.

Pídele a tu caballo varios giros hacia afuera en el punto del círculo que esté lo más cercano que él pueda soportar estar de la abertura del tráiler. Detenlo de frente al cerco del corral, allí en el punto más cercano. Siempre que quieras que el caballo se detenga, simplemente hazlo girar hacia el cerco y da un paso hacia atrás cuando gire correctamente. Él va a estar buscando un descanso, así que debería detenerse con facilidad. Luego de un momento, haz que vuelva a andar alrededor del corral, trabajando en pequeños incrementos hasta lograr, de a poco, que esté parado cada vez más y más cerca de ese tráiler abierto. Si llegas a un punto donde parece que tu caballo no está progresando (no quiere detenerse más cerca del tráiler), entonces utiliza mayor presión y pídele más giros con mayor frecuencia. Motiva al caballo a encontrar una respuesta apropiada. Detener su movimiento en una dirección para ir en la otra dirección requiere de mucha energía, por eso pedirle giros rápidos de un lado a otro es un excelente motivador para que se detenga en el punto que tú elijas (muchas veces tanto el caballo como el dueño comienzan simplemente a "seguir la inercia" y los cambios positivos se hacen menos frecuentes; quizás necesiten despabilarse los dos).

Es una decisión que deberás tomar a conciencia cuando trabajas en el corral redondo: amamos a este animal, no queremos hacerle correr hasta desarmarse, pero debemos mantenerlo motivado. Está bien, puedes hacer este trabajo en cuotas. Puedes dejarlo en cualquier momento y retomarlo mañana desde ese mismo punto (al fin y al cabo, solo tú y tu veterinario conocen el estado de salud de las patas del animal). Sin embargo, si no mantienes constante la presión sobre tu caballo, llevará un tiempo muy largo hacer que suba al tráiler usando este sistema –y diariamente irá aumentando su proeza como atleta–. Entonces, cuando le permites al caballo detenerse, debes dejarlo que tome aire, reafirmarle que hizo algo bien, acariciarlo (mucho) y volver al trabajo. Mantén la presión, pero usa tu sentido común.

En poco tiempo, tendrás al caballo detenido con la nariz apuntando hacia el tráiler. Cuando puedas hacer que el caballo se detenga allí, es hora de pedirle más, específicamente, que vaya subiendo al tráiler poco a poco. Donde antes el caballo supo que podía descansar si se quedaba parado mirando el tráiler, ahora debes incrementar la presión y permitirle descansar solo cuando esté "un porcentaje más adentro del tráiler que hace un momento". Presiónalo para que entre en el tráiler (repito, de a poco) de la misma manera que lo presionaste para que se detenga cada vez más cerca. Probablemente salga corriendo –pero cuando lo haga tú simplemente volverás a reubicarlo y volverás a comenzar–. Al comienzo se inclinará hacia adelante y tú aflojarás la presión. Le pedirás algo más y quizás se agache y huela el tráiler. Excelente, está pensando en el tráiler. Afloja la presión y permítele hacer eso mismo. Presiónalo otra vez y probablemente levante una pata hacia adentro y golpee con esa pata el tráiler. Haz una pausa. Presiónalo nuevamente para lograr que deje esa pata adentro, luego dos, tres, y finalmente las cuatro. Míralo de manera más fácil y objetiva concentrándote en que entren sus patas, no que entre "el caballo". Afloja tu presión en el momento en que el caballo logre mejorar solo un pequeño porcentaje –pero sigue impulsándolo y pidiéndole más–.

Si tu caballo se atasca mitad adentro y mitad afuera del tráiler, toma tu soga o látigo de trabajo y golpea suavemente su posterior para hacerle saber que algo tiene que hacer (incluso que salga marcha atrás y tengas que volver a comenzar es mejor que estar atascado). Asegúrate de estar parado a "un largo de caballo" de distancia siempre que hagas esto. Te sorprendería lo lejos que llegan sus patadas. Como alternativa, puedes pararte bien a un costado.

Continúa conduciendo al caballo gradualmente cada vez más adentro del tráiler. Si mantienes la presión, pidiéndole cada vez más, finalmente verás que el caballo sube por completo.

Como dije antes, si subir a un tráiler es algo completamente nuevo para tu caballo, deberás volver atrás en el entrenamiento y enseñarle a subir y bajar de manera más controlada (si no, subirá cuando se lo pides, pero hacerlo bajar podría ser no solamente difícil sino muy peligroso). Para lograrlo, párate en la parte de atrás del tráiler, a un lado de tu caballo, y toca su posterior con el látigo hasta que coloque una sola de sus patas dentro del tráiler. Haz una pausa, luego haz que baje la pata del tráiler y relájate un momento. Repítelo doscientas veces (en serio, doscientas veces). Luego, enséñale a subir dos patas y a bajarlas doscientas veces. Luego tres patas dentro del tráiler y bajarlas –y finalmente cuatro–. Cuando hayas subido –y bajado– a tu caballo ochocientas veces, verás que sube al tráiler con seguridad, cuando se lo pides.

Trucos para enseñarle al caballo

Enséñale al caballo a acercarse a ti con pasos al costado

Este truco, con su tremendo factor "guau", ¡es fácil de enseñar! (Y es excelente para aquellos caballos que no quieren pararse junto a la escalera para montar).

¿Has visto a Pat Parelli, Clinton Anderson u otros entrenadores famosos alejarse de sus caballos (en tierra) mientras sus caballos continúan dando pasos laterales hacia ellos? Se ve muy impresionante, ¿verdad? Parece algo que ha llevado años de adiestramiento y quizás un poco de magia. Lo curioso es que este truco, con semejante factor "guau", es en realidad una de las cosas más fáciles de enseñar. No como un cambio de mano fluido o una parada con deslizamiento –dos ejemplos de "trucos" que requieren años de práctica para alcanzar la perfección–. Si tienes un caballo dispuesto y fácilmente manejable, puedes lograr que se acerque a ti con pasos al costado en unas pocas sesiones simples.

Fíjate que uso las palabras "dispuesto" y "fácilmente manejable". Si tu caballo no está dispuesto y no es fácilmente manejable en tierra, si no puedes hacer que sus hombros se alejen o si no retrocede con agilidad, entonces deja de lado este ejercicio hasta que hayas realizado más trabajo en tierra. Viéndolo de otra manera: si tu caballo piensa que es tu jefe, ni lo intentes. Dedica el tiempo necesario para enseñarle el control más básico, solidifícalo, y luego regresa a este material más avanzado. Para ser claro, de ninguna manera debes intentar una maniobra más difícil si es probable que tu caballo te pase por encima si se pone nervioso. Si pasas por alto esta recomendación, te encontrarás en problemas. Este ejercicio implica pasos que, si les quitas importancia o los enseñas incorrectamente, pueden enseñarle a tu caballo a desafiarte, en vez de a obedecerte pacíficamente. Si puedes caminar con tu caballo, sin preocuparte, frente a un grupo de otros caballos mientras lo están llamando, o cuando hay autos tocando bocina, o perros que ladran, entonces estás preparado.

Necesitarás un látigo de adiestramiento y ensillar a tu caballo. ¿Una montura? Sí, es trabajo en tierra, no estarás montado, pero ya verás en un momento por qué la montura. Ensillarlo no es 100% necesario –muchos entrenadores no usan la montura en este caso– pero he aprendido un pequeño truco para "motivar" a mi caballo sin aumentar "el riesgo", por decirlo de alguna manera. Hablaré más sobre esto luego. Ponle también la cabezada (con bridón y riendas). El bridón le dará una señal más clara que la que le daría un simple cabestro. Estaremos motivando a nuestro caballo a mover sus patas, luego intentaremos canalizar ese movimiento en la dirección correcta. Los caballos tienden a "atravesar" los cabestros, y permitirles que "atraviesen" el cabestro o que nos esquiven hará que coloquen incorrectamente sus patas (por ejemplo, encima de nuestros pies), que se vean premiados cuando se resisten (cuando pasan de largo frente a nosotros, evitando nuestro pedido), que aprendan que pueden ignorarnos, o todas estas opciones a la vez. Utilizar aquí un cabestro sencillamente dificulta la situación.

Entonces, en tierra y con el látigo de adiestramiento en mano, llevarás a tu caballo hasta una pared bien sólida. Las paredes lisas y altas de una típica pista de montar son perfectas. Nota: no comiences "lejos" de una pared. Seguramente es posible enseñar esta maniobra en medio de un campo abierto, pero te saldrán canas antes de que tu caballo dé el paso correcto –y una pared "hace que suceda" bastante más rápido–. Como dijo Sun Tzu en El arte de la guerra: "No entres en una pelea hasta que sepas que la puedes ganar" (más o menos, ya sabes lo que quiero decir).

Comenzaremos del lado izquierdo del caballo; simplemente deberás invertir todo para "educar" su lado derecho. Con el caballo parado paralelo a la pared y a unos 30 cm de ella, toma la rienda en tu mano izquierda, a unos 15-20 cm de la boca del caballo. Tomarás la rienda con el puño cerrado y el pulgar hacia arriba, apuntando al cielo (y no, por el contrario, digamos, hacia el suelo). Esto del pulgar parece una cosa menor, pero el ángulo resultante te da fuerza adicional –y son estas pequeñas cosas que, combinadas, hacen que el adiestramiento sea fácil en vez de frustrante–. Nota: si comienzas este ejercicio y descubres que resulta más difícil de lo que la vocecita en tu cabeza te dice que debería ser, vuelve a leer este material y toma nota de los detalles que he subrayado: lo del pulgar, usar un bridón (no un cabestro), comenzar solamente cuando tu caballo esté preparado, etc.

Párate cerca del hombro izquierdo de tu caballo, en diagonal a todo su cuerpo. Esta zona te mantiene algo más seguro (fíjate que dije "algo") de las patadas o de que te pise. NO TE PONGAS DELANTE DE TU CABALLO donde te pueda atropellar con un movimiento repentino hacia adelante. Si eso sucede, seguro que este ejercicio deja de ser divertido. Levanta el látigo de adiestramiento en tu mano derecha, como un director sin orquesta, por encima de la cadera izquierda de tu caballo.

Ahora, escucha y presta mucha atención: debes, debes, debes desarrollar un patrón y un ritmo para ese patrón. Esto te mantiene proactivo y simplifica las cosas para tu caballo. Si quieres que tu caballo lea tu lenguaje corporal y comience a acercarse a ti con pasos laterales, entonces debes ser constante en tus enseñanzas. Eso significa que si comienzas por levantar la mano, hacer una pausa, hacer ruidos con tu boca y darle golpecitos, entonces a los diez minutos debes estar siguiendo este mismo flujo y patrón. Como he dicho muchas veces, los caballos han sido la cena de todos los demás durante una eternidad y son muy hábiles para leer el lenguaje corporal. Pero son pésimos para leer la mente. Levantar siempre la mano de tal y tal manera, hacer ruidos con la boca, es una señal clara para el caballo entrenado. Pensar "X" pero pedirle a tu caballo que obedezca señales inconsistentes sencillamente los confunde y los frustra a los dos. Los caballos bien entrenados parecen leer la mente de su dueño, pero en realidad están reaccionando a las pequeñas pistas que les da el lenguaje corporal de su jinete, o bien están probando cosas que anteriormente los han llevado a obtener un descanso, una y otra vez hasta conseguirlo.

Los caballos son hábiles en identificar un patrón. Fácilmente ven que "a" siempre lleva a "'b", que siempre lleva a "c". En poco tiempo empiezan a saltar directamente a "c" cuando ven una "a" (sí, cambias tu patrón, eliminando "b" por completo, cuando el caballo "lo entiende"). Por esta razón siempre comienza tus pedidos con la menor presión posible. Recuerda que "tu caballo solo será tan ligero como la presión más ligera que puedas aplicar para hacer tu pedido". Siempre puedes incrementar la presión si el caballo te ignora –pero siempre debes comenzar tus pedidos dándole a tu caballo el beneficio de la duda–. Si confías en que siempre te hará caso, evitarás comenzar con demasiada presión y el caballo mejorará más rápido.

Bien, ahí estás frente a tu caballo, parado en su cuadrante delantero izquierdo, con la rienda en tu mano izquierda cerca de su boca, tu mano derecha levantada con el látigo de adiestramiento por encima de su cadera izquierda. Comienza a caminar hacia atrás, de hecho conduciéndolo a pie. Mantente en movimiento y mira el casco posterior izquierdo de tu caballo; dile "da un paso lateral a tu izquierda" (tu caballo continuará caminando hacia adelante, sin darle importancia y pensando algo como "tengo hambre" o "tengo que hacer popó"). Sigue caminando, mirando ese casco, y haz ruido de beso. Mantén firme tu puño sobre la rienda y no le permitas acercarse más a tu cuerpo de lo que está en este momento –ni le permitas hacerlo en ningún momento de este ejercicio–. Cuando tu caballo ignore tu pedido (por unos 30 segundos) de dar un paso a su izquierda, comienza a darle golpecitos suaves, rítmicamente, sobre la grupa. Estamos desarrollando ese patrón que acabamos de mencionar. También le demostramos al caballo que "si me ignoras ahora, las cosas se te pondrán progresivamente más incómodas". Aprenderá que ignorar nuestros pedidos tiene consecuencias y que es más fácil levantarse de la silla y lavar los platos cuando se lo pides por primera vez, porque la alternativa es tener que lavar los platos mientras limpia el piso, hace la tarea de matemáticas y guarda la ropa. Respaldamos nuestras indicaciones (los besos y gestos son pre-señales y señales) con golpecitos más fuertes/más rápidos (los golpecitos dan la motivación).

Ahora estarás pensando: "¿cómo demonios sabe mi caballo en qué dirección quiero que mueva sus patas?". Es sencillo, solo tiene seis direcciones posibles: hacia arriba, hacia abajo, hacia atrás, hacia adelante, a la izquierda y a la derecha. Cuando incrementamos los golpecitos (presión) pero no le permitimos ir hacia adelante, esa energía tiene que ir en alguna dirección. Tú estás caminando hacia atrás a un kilómetro por hora; tus golpecitos le dicen: "muévete a 2 km/h". Eventualmente dará un paso a su izquierda por un simple proceso de descarte. Estás impidiéndole avanzar con la posición de tu cuerpo y con tu mano en la rienda. La pared bloquea su lado derecho, lo cual limita sus opciones a arriba, abajo y a su izquierda (y la verdad es que "arriba" y "abajo" no son viables). Al instante en que se inclina siquiera en la dirección correcta, aflojaremos mucho nuestra presión sobre la rienda, diremos: "bien hecho" y lo acariciaremos. Con suficientes intentos y errores por parte del caballo, entenderá rápidamente y se moverá de manera repetida en la dirección que hemos elegido.

Quizás te estés preguntando: ¿por qué nos molestamos en caminar hacia atrás?, ¿por qué no nos quedamos parados y le damos los golpecitos? Porque queremos facilitar y alentar el movimiento. Queremos que el caballo esté pensando durante este ejercicio: "tengo que estar en movimiento, en movimiento, en movimiento"; y no que piense: "debo mover algo y luego detenerme". Además, si ya se está moviendo, es más fácil canalizar esa energía en una dirección específica (de la misma manera que es más fácil hacer girar a la izquierda un auto en movimiento que hacerlo girar directamente a la izquierda cuando está detenido). También ayuda a soltar –y a regular, por lo tanto– un poco de la presión que siente tu caballo (como el vapor de una olla).

Cuando el caballo ignora tus señales sutiles por un período de unos treinta segundos, comienza a golpear su grupa al mismo ritmo pero ligeramente más fuerte. El mismo patrón, un poco más de intensidad (buscas "fastidiarlo", no lastimarlo). Al principio buscarás cambios muy leves. Quizás logres un paso completo a su izquierda, pero lo más probable es que simplemente se incline. Debes premiarlo y construir sobre estos pequeños cambios. Fíjate que tu respuesta debe ser la misma si el movimiento correcto se produce intencionalmente o por error. Afloja la rienda, haz una pausa y acarícialo. Recuerda que aflojar rápidamente no solo premia al caballo, le dice: "eso es lo que busco, eso mismo". Es muy importante que aflojes tu presión tan rápido como sea humanamente posible y que te relajes por varios segundos mientras acaricias a tu caballo. Hacer pedidos repetidos, sin pequeños descansos, convierte esto en un gran ejercicio de 30 minutos (en vez de lo que debe ser, un ejercicio de 3 segundos) y confunde a tu caballo.

Hasta que logres el paso que estás buscando, continuarás incrementando tu presión cada treinta o cuarenta segundos, hasta que el caballo mueva correctamente su pata posterior. No le debes pegar al caballo, ni ahora ni en ningún momento; ninguno de tus golpes debe ser tan fuerte como para causar verdadero dolor. Lo estás "fastidiando" con tus golpecitos, de la misma manera que lo haría una mosca sobre su labio. Cuando nos ignora, si nos ignora, simplemente "agregamos más moscas" progresivamente (golpecitos más rápidos, besos más ruidosos, etc.) hasta que cumple. Si una niñita puede volver loco a su hermano con solo mirarlo fijo, tú seguramente puedes motivar a tu caballo a dar un paso con un látigo de adiestramiento en la mano.

La necesidad de irritarlo sin ser cruel es la razón por la que sugiero ensillar al caballo. Golpear la montura, en vez de al caballo, hace ruido y me permite decir "despiértate e inténtalo", si es necesario, sin provocar una riña. Muchas veces tu caballo simplemente estará holgazaneando y se rehusará a "ser parte del juego" o llegará a un punto donde dejará de mejorar. Cualquiera de estas situaciones requiere de motivación adicional. Seguro, puedes darle un buen golpe, pero eso no es muy agradable –y si lo haces suficientes veces, con suficientes caballos, tarde o temprano alguno te la devolverá–. En vez de eso, si hace un buen rato que has estado dándole golpecitos al caballo y necesitas mayor motivación, aléjate un poco y dale un buen golpe a la montura (si tienes una montura buena, cúbrela –los látigos de adiestramiento le dejarán marcas–). Recuerda que, a lo largo de este ejercicio, la mayoría de tus golpecitos son suaves y aplicados directamente sobre la cadera del caballo (o sobre su lomo si no puedes llegar hasta su cadera). Guarda los golpes duros sobre la montura para despertar a tu caballo cuando no se esté esforzando.

Continuarás caminando hacia atrás, dándole golpecitos a tu caballo hasta que mueva la pata un pasito a la izquierda, luego aflojando y repitiendo. Si eres rápido al aflojar, el caballo rápidamente se dará cuenta de qué es lo que hay que hacer. Inicialmente aprender ese concepto ("mover mi pata posterior izquierda a mi izquierda") es la parte más difícil para el caballo, así que debes tener mucha paciencia al comienzo y debes tener vista de águila para ver cualquier mejoría física o mental. Una vez que logra entenderlo, las cosas mejoran con sorprendente rapidez. Podrás lograr mover su cadera a 90 grados de la pared con poco esfuerzo. Al principio, dará un paso a la izquierda y luego volverá de inmediato a alinearse con la pared. Pero lo que notarás pronto es que tu caballo comenzará a caminar progresivamente con la cadera proyectada cada vez más hacia afuera y alejada de la pared (pasos laterales a su izquierda). ¿Recuerdas que les gusta saltar el "Paso B" cuando ven que es el "Paso C" el que consigue el descanso? No necesitarás preocuparte por "adiestrar" sus hombros. El movimiento continuo los mantiene en posición y avanzando. Simplemente sigue caminando y golpeando suavemente al caballo para traer sus caderas a donde deben estar para efectuar correctamente el paso lateral hacia ti.

Si estás dando vueltas y vueltas y el caballo no parece estar alejando sus caderas o sus patas de la pared (no está mejorando), entonces no estás aplicando suficiente presión o estás ignorando los pequeños cambios (como una "inclinación a la izquierda"), o ambas cosas. Regresa y vuelve a leer este material para ver qué es lo que puedes haber omitido. Debes motivar a tu caballo a intentar encontrar la respuesta y, por decirlo en pocas palabras, si no está mejorando es que no está motivado. Ten cuidado y observa tu postura cuando aplicas la "presión adicional". También, sé consciente de la actitud del caballo. ¿Lo está intentando y no lo logra, o no lo está intentando y no lo logra? "No intentarlo" requiere mayor motivación de tu parte; "intentarlo pero no entender" requiere mayor paciencia, dividir el aprendizaje en pasos más sencillos, o quizás revisar qué puedes estar omitiendo.

Una advertencia: es malo (muy malo) que tu caballo aprenda a pasar de largo entre tu cuerpo y la pared. Está aprendiendo a evadir tus pedidos, a ser más beligerante. También es tremendamente fastidioso. Una vez que han aprendido a evadirte con éxito, lo volverán a intentar una y otra vez (y sabrás por qué dije: "no te pares delante de tu caballo"). Tu tarea se vuelve entonces progresivamente más difícil porque comienzas a sentirte como si estuvieras tratando de retener un torrente de agua arrasador. Para empezar, no te pongas en esta situación: como dije al principio, será en tu propio beneficio si abordas este ejercicio solamente cuando tu caballo ya haya aprendido a ser respetuoso y tenga buenos modales en tierra. Aquí la mejor defensa es un buen ataque.

Siempre debes ser consciente de cuánta presión ejerce tu caballo sobre tu mano izquierda. No pierdas el enfoque y en el mismo instante en que sientes que el caballo aumenta la presión (es decir, que te empuja a través de la rienda con su cabeza o cuerpo), corrígelo. Retrocede un poco en tu adiestramiento y concéntrate en que afloje ese cuello. Cambia tu punto de enfoque de "mueve esa pata" a "afloja tu cuello". Debes identificar este comportamiento muy temprano y tener una política constante de tolerancia cero. Si el caballo aumenta esa presión, cambia inmediatamente tu foco como dije y mantén constante tu propia presión (no importa en qué dirección "tires") hasta que afloje el cuello. Hazlo repetidamente, levantando la rienda y aflojando solamente cuando el caballo se relaja. Podrías también intentar hacer que retroceda un paso o dos, y que luego avance y retroceda nuevamente (como si estuvieras estacionando un vehículo) hasta que afloje el cuello.

Cuando logras alejarte de tu caballo y él da un paso lateral hacia ti de manera constante, manteniendo sus caderas a noventa grados de la pared, estás listo para el siguiente paso. El siguiente paso es sencillamente: repite todo el proceso, aún trabajando en paralelo a la pared, pero a un metro y medio de distancia (no te tientes a alejarte demasiado –aún necesitas esa pared para hacer correcciones–). Tu entrenamiento ahora parecerá deshacerse porque no está la pared para detener su movimiento. Esto es de esperarse. Cuando se mueve incorrectamente, solo mantén firme tu presión, dirigiéndolo con fluidez (es decir, su cabeza, a través de tu mano en la rienda) nuevamente hacia la pared, dando golpecitos suaves hasta que mueva su cadera con un paso a la izquierda. Acarícialo y aléjate de la pared, repitiendo este proceso hasta que tu caballo lo entienda.

Desde este punto, es sencillo alejarse por completo de la pared. Te alejarás a unos doce metros o lo que sea y nuevamente repetirás el proceso. Tu caballo podría bien retroceder un poco en su aprendizaje (esperaría que así fuese), pero lo único que debes hacer es "regresar a la pared" (ya sea pegados a ella como cuando recién empezaban, o a unos metros) hasta que las cosas vuelven a funcionar. Incrementa el espacio entre tú y tu caballo, y eventualmente estará respondiendo únicamente a tus gestos –y no tendrás que usar la rienda–.

(Ahora, allí en la escalera para montar, si tu caballo se mueve cuando intentas montarlo, debería ser pan comido pedirle que dé un paso al costado para acercarse nuevamente a ti. Tienes una señal para volver a acercar sus caderas).

Finalmente, te estarás preguntando… "Desde aquí en adelante, ¿cómo va a saber mi caballo cuándo acercarse a mí y cuándo alejarse?". La respuesta es simplemente que el caballo leerá tu lenguaje corporal. Lo habrás practicado tanto que seguramente él reconocerá la diferencia entre la posición de tus manos aquí o allá, o tu pierna aquí o allá.

El Mantenimiento del caballo

Mi caballo es difícil de adiestrar… ¿es por sus cascos?

Hoy puedes estar entrenando a tu caballo en el corral redondo… pero no importa la edad o el nivel de adiestramiento que hayas logrado, es imprescindible realizar un cuidado óptimo de sus cascos, porque la verdad siempre es que "sin patas, no hay caballo".

¿Tu caballo se tropieza a menudo? ¿O lanza su cabeza hacia adelante y hacia abajo, casi hasta el suelo, como un adolescente malcriado, mientras va trotando? ¿Da pasitos inseguros al andar y parece que fuera reacio a moverse de un lugar a otro? El caballo que antes estaba bien dispuesto y era divertido ¿ahora es irritable? ¿Estas situaciones están empeorando casi a diario?

Tu caballo podría estar comportándose de esta manera porque le duelen las patas. Y si es porque le duelen, entonces tómalo como una señal de que debe venir pronto el herrero a verlo –y probablemente con mayor frecuencia–. Podría ser que cada paso que da le produce dolor, ya sea porque necesita un recorte o porque ha pasado demasiado tiempo entre recortes; y ahora ambos tendrán que pagar las consecuencias. Aunque es fácil no prestarle atención a este aspecto algo aburrido del cuidado del caballo, no lo hagas. El problema no desaparece por sí solo y afecta enormemente a todo tu caballo, por razones obvias.

Puede ser que tu caballo esté mal porque ha pasado mucho tiempo entre recortes y se ha ensanchado la base de su casco provocándole dolor a cada paso (algo como cuando sin querer se te levanta hacia atrás la uña del dedo; en un momento hablaré más sobre esto). Estos ensanchamientos son comunes y se remedian fácilmente con una buena atención más frecuente de los cascos. Sin embargo, también podría ser que a tu caballo se le hayan alargado las partes anteriores de los cascos y que las partes posteriores (talones) estén demasiado sensibles. Le duelen los talones y ha comenzado a protegerlos "apoyando primero las puntas". Debes ser consciente de que, de no tratarse, el "apoyar primero las puntas" eventualmente dejará a tu caballo completamente fuera de servicio. La buena noticia es que esto también se arregla con recortes más frecuentes –pero llevará más tiempo corregirlo– y el herrero bien podría prescribir que tu caballo use botas protectoras para darle a las paredes de los cascos una oportunidad de curarse solas.

Primero, el ensanchamiento: los caballos han evolucionado de tal manera que sus cascos están diseñados para crecer y desgastarse continuamente por el movimiento activo del caballo al recorrer un kilómetro tras otro en su medio natural, comiendo y corriendo y haciendo lo que hacen los caballos. No hacen falta herreros mientras que recorran muchos kilómetros por día. En absoluto contraste, sin embargo, cuando mantenemos a un caballo en un establo y descuidamos los recortes regulares, su cuerpo entiende que el casco no se está desgastando y comienza a construir paredes más delgadas. Crea paredes más delgadas porque si son más débiles se pueden deshacer más fácilmente. Además, estos cascos olvidados no siguen creciendo porque sino los caballos verdaderamente abandonados estarían caminando a quince centímetros del suelo. Lo que hacen es ensancharse en la base como una campana y luego eventualmente se rompen (en casos más extremos, esta defensa natural no logra mantenerse y el casco continúa creciendo hasta que el caballo no puede ni estar parado). Cuando regularmente tu herrero mantiene los cascos de tu caballo recortados, está "engañándolos para que piensen" que están siendo desgastados de manera natural y que permanezcan gruesos y fuertes.

Es un sistema bastante asombroso, pero puede ser doloroso cuando el caballo da un paso y esa parte ensanchada se engancha primero en una piedra antes de que el resto del casco toque el suelo. Junto con el peso y el movimiento del caballo, esa piedra hará que el borde crecido del casco se separe del resto (como la uña separándose de tu dedo). El caballo siente dolor —y podría terminar con una rajadura o una rotura que solo empeorará—. Piensa cuántas veces sucederá esto durante una sesión normal de adiestramiento. ¿Cuántas veces le darías un mordisco a un sándwich con un diente que te duele antes de empezar a actuar de la misma manera vacilante que tu caballo?

No hace falta ser un especialista para ver este "ensanchamiento" por uno mismo: mira la parte superior del casco de tu caballo, allí junto a la corona/borde del pelo. Agáchate y envuelve el casco con tu pulgar y dedo índice, a unos dos centímetros de la corona/borde del pelo, de manera de tapar el resto del casco dejando a la vista solamente este sector superior. Ahora, quita la mano. ¿Continúa el casco hacia el suelo (en toda la circunferencia) con el mismo ángulo según lo que viste en esos primeros centímetros —o se abre—? Cualquier ensanchamiento que puedas ver es evidencia de que el casco ha crecido demasiado. Esa es la prueba de que tu herrero debe visitarte más a menudo. Según la gravedad, podría llevar meses —o hasta un año— que esta parte crezca y vuelva a "adherirse" a la pared del casco, por lo que puedes ver que aplazar ese recorte tiene ramificaciones duraderas.

Tu caballo podría tener problemas más graves que simplemente un poco de ensanchamiento. Cuando la pared del casco de un caballo crece demasiado y se alarga, levanta la base de la pata e impide que las demás partes del casco lleguen al suelo y ayuden a absorber el impacto (estructuras como la ranilla, las barras y la suela). Esto, por supuesto, exige a la totalidad del casco porque no se supone que una sola "parte" deba hacer todo el trabajo. Toma tu manga derecha con la mano izquierda y corre la manga hacia el codo. Esto es lo que le sucede a las patas del caballo porque las paredes de sus cascos son muy largas y las demás estructuras no pueden compartir el peso de la carga.

En lo que a la ranilla se refiere, cuando las paredes se hacen demasiado largas y la levantan del suelo, la ranilla tiende a arrugarse o marchitarse. El caballo necesita de una ranilla sana porque le ofrece protección del mundo exterior –pero también porque la ranilla (y la estructura que tiene por encima) ayuda a absorber el impacto cuando la pata golpea el suelo–. Tu caballo apoyará primero el talón (en aires mas rápidos que el paso) cuando sus cascos están en buen estado; apoyará primero la punta cuando le duelen los talones, en un intento por evitar poner presión sobre la mitad posterior de su casco porque le duele. Cuando comienza a hacerlo, las cosas empeoran. Se crea un círculo vicioso. Con cada paso que da, apoyando la punta del casco en vez del talón, se desarman las estructuras internas –literalmente–. Lo que sucede es una larga secuencia encadenada de eventos, que al final termina en un caballo cojo.

(Debes saber que la ranilla también puede causarle dolor al caballo por sí sola cuando se infecta, así que debes estar muy atento para captar cualquier evidencia de bacterias u hongos en esta zona en particular. Si la ranilla se infecta podrías probar usar una jeringa de 60 cm3 con punta de catéter para inyectar en el surco una mezcla, en partes iguales, de alguna crema fungicida común para el pie de atleta y una pomada de "triple antibiótico". Hazlo diariamente para eliminar el problema. Puedes conseguir ambos productos en la farmacia, son de venta libre; pídele la jeringa a tu veterinario).

Si te quedas con una sola cosa de todo este material, debes aprender que dejar los cascos de tu caballo sin atención causará daños que lleva mucho tiempo remediar. Cualquier dinero que ahorres por saltearte algún recorte nunca compensará el tiempo inactivo que ambos deberán afrontar para corregirlo en un futuro cercano. Debes encontrar la manera de que sus cascos estén atendidos, aunque signifique que debas aprender a hacerlo tú mismo.

Si te quedas con dos cosas, recuerda esto: aun el caballo que está "fuera de acción" necesita atención regular de sus cascos. No pienses: "no está haciendo nada más que descansar; podemos saltearnos algún recorte". (Yo mismo me dejé llevar por esta lógica perezosa y es por eso que ahora escribo esto, con la esperanza de ahorrarte un poco de sufrimiento). Los caballos que están pastando (las yeguas de cría, los caballos jubilados, los potrillos, etc.) necesitan que les atiendan los cascos igual que a un caballo activo. De lo contrario, si te dejas estar, cuando los pongas a trabajar podrías descubrir que debes esperar alrededor de un año para que el caballo vuelva a estar al cien por ciento.

La realidad es que, como jinetes, debemos ser conscientes de cómo los movimientos (y la actitud) de nuestro caballo puede reflejar directamente lo que le está sucediendo "internamente". Antes de culpar al caballo por tener una mala actitud o por simplemente ser un mocoso, debemos considerar si podría tener una queja legítima (algunos ejemplos sencillos que se me ocurren son las monturas que no calzan bien, las embocaduras que pellizcan, llagas causadas por la cincha, y los cascos crecidos). Esfuérzate por buscar pronto una oportunidad para conversar con tu herrero sobre cualquier problema de desempeño que tu caballo pueda haber desarrollado en la pista. ¿Es posible que los movimientos de tu caballo se estén viendo comprometidos por alguna razón que él es capaz de ver? Un caballo puede estar "mal" por un sinnúmero de factores que el herrero puede identificar con mayor facilidad (algunos peores de lo que he descripto aquí), por lo que la consulta seguramente valdrá la pena. Mejor hazlo antes que tarde, porque cuanto más dejes deteriorar las cosas, más tiempo llevará arreglarlas —y más caro será—.

Otros libros del autor

Descubre otros libros del escritor Keith Hosman:

• Crow Hopper's Big Guide to Buck Stopping

• Get On Your Horse: Curing Mounting Problems

• Horse Tricks

• How to Start a Horse: Bridling to 1st Ride

• Rein In Your Horse's Speed

• Trailer Training

• What I'd Teach Your Horse, Training the Basics

• What Is Wrong with My Horse?

• When Your Horse Rears... How to Stop It

• Your Foal: Essential Training

Consigue todos sus libros en los siguientes formatos:

Tapa blanda | Kindle | Nook | Apple | Kobo

Cómpralos en cualquier momento en Horsemanship101.com/Courses

Conoce al autor: Keith Hosman

Utopia, TX, Estados Unidos

Keith Hosman, entrenador certificado en el método de John Lyons, vive en Texas, cerca de la ciudad de San Antonio, y divide su tiempo entre escribir material sobre adiestramiento de caballos y ofrecer clínicas de equitación en Estados Unidos, Alemania y República Checa.

Visita su sitio web horsemanship101.com para conocer más sobre cómo adiestrar a tu caballo y para saber cuándo se llevará a cabo su próxima clínica de equitación en tu región.

Made in the USA
Coppell, TX
26 October 2022